高校生・若者たちと考える過労死・過労自殺

多様な生き方を認める社会を

石井 拓児・宮城 道良 著
岡村 晴美・勢納 八郎 協力

はじめに　新型コロナウィルス対策にあらわれた日本と世界の違い

石井拓児

●なぜ給付金支給が遅れたか
―安倍政権のコロナ対策はなぜ失敗したか

２０２０年初頭、なぞのウィルスの流行が中国で確認された後、このウィルスの名前は「新型コロナウィルス」と命名され、非常に強い感染力をもつことがわかってきました。また、このウィルスが、お年寄りや持病を持つ人にとっては、命にかかわるような危険性をもち、さらには、回復後も重い後遺症を残す場合がありうることまでわかってきました。

日本政府は、２０２０東京オリンピックの開催をひかえ、できるだけ新型コロナウィルスの影響力が小さいものであるようにみせようとしていたようにもみえますが、大学入試という一大イベントが終了した２０２０年２月27日、突如として全国の学校にいっせいに休校を要請しました。４月７日には、全国に緊急事態宣言が出され、いくつかの自治体は「都市封鎖（ロックダウン）」といった措置をとらざるをえなくなりました。

こうした措置を講じたのは、もちろん日本だけではありません。世界中どこでも感染拡大の防止のために、できるかぎり人と人の直接的な接触の機会を減らすことやマスクの着用を奨励するなど、懸命な努力が続けられました。

幸いなことに日本では、感染拡大は欧米諸国ほどには広がりませんでした。その理由はまだはっきりしていませんので、今後の状況について、油断したり楽観視したりするのは避けた方がよいでしょう。

安倍政権は、コロナ対策として強権的に「学校一斉休校」を措置しましたが、経済活動を元にもどすために対策を緩めるようになります。アベノマスクの配布にはなぜか熱心でしたが、そのほかの対策として取りあげるべき政策はみあたりません。それどころか、「自粛要請」期間中、いちばん困っている人々に対する支援は、まったく行き届くことがありませんでした。

その状況は、新しい政権が誕生したいまも変わっていません。日本政府の社会的弱者への支援は、諸外国と比べても著《いちじる》しく見劣りします。「自粛要請」によって多くの人が外出や外食を控えるようになると、飲食店で働く人々を中心に、所得収入が著しく落ちこみました。普段、多くの大学生は飲食店でのアルバイト収入で何とか生活をやりくりしていますが、こうした飲食店でのアルバイト従事者もたいへん厳しい経済状態に追いこまれました。コンサートや舞台、ライブハウスといった芸能・文化活動も自粛の対象となりましたので、コンサートスタッフや舞台スタッフ、ライブハウスの経営者をふくめ、芸能・文化の活動にかかわる人々も、行き場を失いつつあるとの報道がでています。

つまり、「自粛要請」によって、一定の所得収入が見こめない就業形態の人々が、もっとも不安定な生活に追いこまれ、先を見通すことのできないような困難に直面しています。このような方々への必要な支援は、たったひとつしかありません。それは、最低生活費（住宅やお店を維持するのに必要な家賃代を含む）を保障することです。

●みなさんはコロナ特別定額給付金をうけとりましたか?

困っている人々の生活を、政府が支援するのはとうぜん必要な仕組みです。安倍政権は、すぐさま困っている人々を対象に、支援金を給付する仕組みの検討をはじめました。しかしながら、この検討は、様々な課題をクリアしなければならないことが明らかになり、支援給付にいたるまで、ずいぶん時間がかかってしまいました。それはいったいどうしてなのでしょうか。

政府が最初に支援給付の仕組みを考えたのは、「困っている人」にだけ支給する仕組みです。これを専門用語で「選別給付」と言います。実は、この「選別給付」には、いろいろな制度上あるいは運用上の難しさがあるのです。

なぜかというと、「困っている人」を、誰がどのようにして認定するのかはじつはとても難しいことなのです。「自分は生活に困っている」といくら主張しても、人によってそれぞれ困り方が違うはずです。家族からの支援がある場合とない場合、家賃の高い都市部に住んでいるのか地方に住んでいるのかでも困り方はちがいます。

「困っている」という状況を、客観的に基準にするのは、じつは、とても難しいことなのです。

なのに、日本政府（安倍政権）は、「困っている人」への給付を優先しようとしました。これが、この国でコロナ対策が何も機能しなかった最大の原因なのです。

だから、ほんらいあるべき経済支援政策は、「困っている人」だけを対象とするような「選別主義」ではなく、「すべての人」を対象とする「普遍主義」でなくてはならないのです。これが世界の政策・制度の基本的な考え方、すなわちスタンダード（標準）なのです。

普遍主義にもとづく支援金給付の仕組みを導入すれば、申請をする必要もなければ困っているかどうかを審査する必要もありません。もっとも早く、もっとも経費をかけることなく、困っている人々に支援が行き届く仕組みです。

日本政府は、この仕組みを導入することになかなか踏み切ることができず、特別給付金の支給まで、ずいぶん時間がかかってしまいました。

そのあいだにどれだけ多くの人たちが仕事や生活に困り、それを維持することをあきらめてしまったのだろうかと考えると、残念でなりません。

じつは、日本では、「普遍主義」にもとづく社会保障の仕組みがほとんど存在していないのです。歴代の自民党政権は、「普遍主義」による社会保障の仕組みの導入に、きわめて消極的でした。だから、安倍政権も、この仕組みを活用することに消極的だったのです。

みなさんのお手元に、一律の10万円が届くまで、すいぶん時間がかかってしまったのは、「普遍主義」的な給付に消極的だった政府の考え方に、すべての原因があったことは間違いありません。

●橋下徹さんの「公務員は給付金をもらうな」が間違っている理由

普遍主義にもとづく給付の仕組みができあがってから、ようやく迅速に国民全体に特別支援給付がすすみました。それでも、「個人給付」ではなく「家族（世帯）給付」であったために、ＤＶ（ドメスティックバイオレンス・家庭内暴力）で避難している親子ら、給付金が行き届いていない世帯があることを忘れてはいけません。政府の支援措置は不十分すぎます。また、「自粛要請」が長期化していますので、連続的に給付措置をすすめるべきです。この点でも日本政府はあまりに国民の経済支援に冷酷です。

しかも、こうしたようやくできあがった支援の仕組みに対し、難くせをつける人たちがいます。テレビで無責任なコメントを繰りかえしている橋下徹さんもその一人でした。

橋下さんは、「公務員は、安定的な所得を得ているんだから、特別給付金をもらうな」と言うのです。みなさん、この発言が「まったくお門違いの妄言である」ということをすぐ見抜くことができるでしょうか。私たちが、いま、いちばん身につけなくてはいけない力は、橋下さんのような無責任なコメントを、大間違いとしてすぐに見抜く力なのではないか、と私は思っています。

コロナ感染拡大による「自粛要請」のもとであっても、安定的な収入を確保しているのは公務員だけではありません。大規模以上の企業に勤務する人も、一定の収入を確保しています。リモートのためのツールを提供するIT関連の会社に勤務する人や経営者は、「自粛要請」でむしろ利益を拡大させています。「公務員だけ」が安定的な収入を得ていた、などということはあり得ません。コメンテーターの橋下さんだって、それまでの水準と代わりない収入を得ていたのではないでしょうか。

そうすると、特定の職業（例えば公務員）の人々を名指しして、「給付金を返還せよ」と迫ることは、まったく合理性のない発言です。それでは、「生活上、困難が生じていない人」に対し、給付金の返還をせまることに意味があるでしょうか。意味がありませんね。その人が困難であるかどうか、誰にも判定できないからです。

巨大な利益を生み出しているIT関連の社長さんに、「給付金を返還せよ」となぜ橋下さんは主張しないのでしょうか。

●福祉国家の基本原則を知ることの大事さ

ここに、じつは私たちが考えるべき、大事なポイントがあります。給付金は、すべての人に一律に給付することが、手続き的にもっと迅速かつ簡易な方法であることは間違いありません。問題は、一律給付をしてしまうと支給対象範囲がひろがりますので、その財政をどのように確保するのか、という問題になります。その財政を確保するためには、次の二つの方法が考えられます。

ひとつめの案は、「生活に困っていない人は、給付金を返還する」というものです。橋下徹さんの考え方もこの案のひとつです。でも、これでは、本当はたくさん収入がある人でも「自分は生活に困っている」と感じれば、返還しないことができてしまいます。儲かっている人が返還せず、それほど儲かっていないのに返還を命じられるということが起きてしまいますね。完全に見当違いの愚策です。とても政治を担当したことのある方の考え方であるとは思えません。

もうひとつの案は、全員に一律の給付を進めつつ、その財源を、年度末の所得税によって、収入に応じて税金として負担することによってまかなうという方法です。

高い収入を得た人はそれなりに、安定的に収入を得た人もそれなりにそれぞれ負担し、厳しい生活が続く人からの税負担はできるだけ低く抑えるという方法です。すなわちこれを「累進《るいしん》課税」といいます。

福祉国家の基本原則は、じつはこの「累進課税」の仕組みを基幹の財源とし、その租税収入を原資として所得の再分配をすすめること、つまり低所得で生活に苦しい人々に対して最低限の生活保障をすすめることにあります。福祉国家の基本原則を知れば知るほど、いま、社会で起きている問題の本質が見えてきます。日本政府の判断がどうして間違いだらけなのか、その理由もたちどころに理解することができるようになるかもしれません。

高校生、若者のみなさん、あなたの生きづらさは、あなたの責任ではありません。そのことを、この本はこれからゆっくりと分かりやすく、説明したいと思っています。

●ポスト・コロナウィルスの世界をどう構想するか
―新自由主義との決別を

ポスト・コロナウィルスの世界をどう構想するかについて、多くの人が考えはじめています。これからその模索がはじまることは間違いがありません。私は、「経済成長優先社会からの転換＝新自由主義からの転換」でしかないと思っています。誰だって、生きていくために高い所得を得たいと希望します。でも、それは、どこの国でもそうなのでしょうか。

すべての人々にあまねく社会保障を提供し、誰でも安定的な人生をすごすことのできる権利を保障している福祉国家では、「高い所得」を得ることが、人生の目標にはならないのです。

この本は、日本でだけ起きてしまう「過労死（KAROSHI）」の問題に焦点を当てながらも、じつは、その原因と構造がどこにあるのかを日本社会の特殊性のなかに見出しながら考えてみたいと思っています。みなさんは、過労死について学びながら、日本社会の特殊な仕組みについて深く理解することができるようになるはずです。

私たちは、30年にもおよぶ新自由主義的な政策のなかで、自己責任（＝自助）を当たり前として受けとめてきました。

がんばれば高い収入を得ることができ、安定的な生活を営むことができる。がんばらなかったら、高い収入が得られず、不安定な生活になる。これを「当たり前」と受け止めてきてはいないでしょうか。これは、ほんとうに日本に特殊な考え方なのかもしれません。

私はこうした考え方が、この国の将来を、危うくするかもしれないと思っています。高い収入を得るために、ボランティアはしない、所得の低いケアワークはしたくない、農業や林業に就《つ》くのはなるべく避けたい、地方ではなく都市に行くしかない。このようにして、私たちの生き方は、じつはどこかで強制され、方向付けられてきたのではないでしょうか。そのなかで、私たちの「自分らしさ」は、奪われてきたのではなかったか。

　グローバルな競争は、私たち「人間」の能力をこえて過剰に繰り広げられてきたように思います。新型コロナウィルスの問題は、グローバルな移動、グローバルな交流、グローバルな競争のあり方について、私たちに再検討を要請しているのかもしれません。それは、新自由主義から決別し、これと対決する新しい社会を構想することにほかなりません。この本は、みなさんとともに「新しい社会」を考えるための私からの問題提起です。

もくじ

第1章 過労死・過労自殺を考える

1 過労死とKAROSHI

石井拓児

●過労死問題と日本社会の特殊な構造

２０１５年12月25日、電通の新入社員だった高橋まつりさん（当時24歳）が自殺で亡くなりました。クリスマスの朝でした。裁判では、月１００時間をこえる時間外労働を強《し》いられ、上司からは「君の残業時間は会社にとって無駄」といった暴言まで浴びせられていたことがわかり、過労自殺として労災認定されました。

この問題について、自分のことと受けとめた愛知県内の高校生たちから依頼があり、いっしょに学びあう機会がありました。高校生たちは、「生きるために働くのに、どうして死ぬまで働かなくてはならないの?」と問いました。また、ある高校生は、「どうしてクリスマスの朝を選んだのか?」と疑問を投げかけてくれました。高校生たちは、

過労死事件の新聞記事の見出し等

クリスマスの朝の「死の選択」に、何か重要な意味があると感じたのだと思います。真剣な問いかけだと感じました。

私は、過労死の問題の背景に、私たちの生きている日本社会というものが、非常に特殊なものであり、私たちから「多様な生き方」を奪いとっていることをお話ししました。この特殊性のゆえに、日本では、過労死をはじめ、受験競争の過熱化や部活動における勝利至上主義のまん延など、諸外国では見られない「おかしさ」があり、そのなかで高校生をはじめ多くの子どもや青年たちが生きづらさや困難をかかえています。

過労自殺について高校生にかたる石井氏

本書では、高校生にお話をしたことを中心に、この社会の「おかしさ」をどうとらえ、どうすれば変えていくことができるのか、読者のみなさんといっしょに考えてみたいと思っています。

●国際語になったKAROSHI

過労死はKARŌSHIとして、2002年からオックスフォード辞典に掲載されています。辞典に掲載される10年以上前から、日本に固有に起きるKARŌSHIという現象は、国際的に注目を集めるようになっていました。

1980年代ごろから、活発に仕事をしている人が、ある日突然、心臓発作や脳卒中などで倒れ、命を落とすという現象が起きはじめていました。生命の維持装置である心臓や脳が、「ぷつり」とその機能を止めてしまうのです。そのころ、テレビでは「リゲイン」というドリンク剤のCMで、「24時間働けますか！　ジャパニーズビジネスマン！」という勇ましい曲が流されていました。異常な長時間で過密な労働がつづくなか、身体や心に過剰な負担がかかり続けると、私たちの身体は勝手に生命の維持をやめてしまうのです。

世界で日本語がそのまま使われるようになったものに、TSUNAMIやSUSHI、KARAOKEがあります。最近、私がアメリカのスーパーで買い物をしたときには、DAI-KON（大根のことですね）の表示を見つけました。ORIGAMIやANIMEも見かけます。最近では、ケニアの環境保護活動家でノーベル賞を受賞したワンガリ・マータイさんが、MOTTAINAIという言葉を紹介して有名になりました。

おわかりのように、これらはいずれも、日本に固有なさまざまな精神や文化、自然といったものをあらわす言葉です。海外の言葉で置き換えることのできないような言葉の場合、そのままローマ字で表記されるようになるのです。そう、過労死（KARŌSHI）もまた、日本固有の現象だということです。世界中のどこを見わたしてみても、「過労死」や「過労自殺」は、日本でしか起きていないのです。

MOTTAINAIという言葉は、使って古くなったものでも、大事にしていれば使いつづけることができることを意味する、私も大好きな言葉です。しかし、KARŌSHIが日本固有の現象として広く世界で使われることは、とても恥ずかしいことであり、たいへん残念なことです。

●人間の尊厳をふみにじる社会を変えよう

以前は40代か50代になってから発症するといわれていた「うつ」に罹《かか》る若者・青年も増えてきました。「若年《じゃくねん》うつ」と言います。働きすぎや精神的な負担の大きい職場環境のなかで、「うつ」を発症し自殺をする人も増えてきました。これを「過労自殺」とよび、「過労死」の範囲で捉えるようになってきています。

高校生たちが問いかけたように、「過労死・過労自殺」は、人間が人間らしく、自分が自分らしく社会の中で生きて働くことを拒絶するものです。まさに「人間の尊厳」そのものをふみにじるものに他なりません。

2016年（平成28年）11月11日

「18歳有権者」熱く議論

同朋高、あす公開フォーラム

石井氏の高校出前授業が新聞に
中日新聞 2016 年 11 月 11 日朝刊

過労死・過労自殺と推察されるニュースが、相変わらず伝えられていますが、このようなことがくりかえされることは絶対にあってはならないと思います。「過労死・過労自殺」でなくなる若者や青年を絶対に生みださない、自分よりも先に子どもをうしなうご家族の悲しみをこれ以上絶対にくりかえさせない、みなさんといっしょにそんな強い気持ちを確かめあいたいと思います。

そのために、まずは、私たちの国の「当たり前」というものを疑うことからはじめる必要があります。

世界の「当たり前」を確かめながら、日本の「異常」を突きとめる。世界の国や社会の多様性に学ぶことで、私たち自身の生き方の多様性が見えてきます。

2　欧米型の福祉国家と日本型企業社会の違い

石井拓児

●映画『世界侵略のススメ』（マイケル・ムーア監督）を観る

ぜひみなさんにご覧いただきたい映画があります。ムーア監督の『世界侵略のススメ』です。友達や仲間といっしょに観るのもよいでしょう。

ムーア監督は、突撃取材の手法を用いて多くのドキュメンタリー映画を製作し、アメリカの銃社会の問題や、世界貿易センタービルへのテロ事件をきっかけに対イラク戦争に突きすすんだアメリカ社会の状況などを取り上げ、ユーモアを交えながらも、鋭く社会に切りこんでいく作品を世に出しています。

『世界侵略のススメ』では、ムーア監督がアメリカの外に出て、世界各国を突撃取材します。ムーア監督は、世界各国の優れた制度を「侵略」して「盗みとって」やるぞ、それをアメリカに持ち帰ればアメリカはもっともっと素敵な国になるぞ、これはいいアイデアだ、と考えたわけです。

たとえば、最初にムーア監督は、イタリアの有給休暇制度を取材します。数週間から場合によっては数か月にもおよぶ有給休暇（バカンス）を取得することが当たり前となっているイタリアでは、取材相手の若者夫婦から、「働くことも重要だけど、家族といっしょにすごす時間だって同じくらい大切だ」と言われます。生活の質の豊かさを求めようとする価値観がよくわかります。みなさんだって、同じことを考える人も多いのではないでしょうか。

フランスの学校給食では、食堂でシェフが一人ひとりの子どもの食器（もちろんプラスチック製でなく陶器製のものです！）に盛り付けをします。盛り付けに時間がかかりますので、給食時間は２時間くらいかかります。

PISA国際学力テストで１位となったフィンランドは、宿題を禁止しています。「もっと勉強させなくていいのか」と聞くムーア監督に、フィンランドの教師は、「木登りをしながら昆虫を見つけることのほうが大事な勉強だ」と答えます。

死刑制度を廃止したスウェーデンで、殺人で息子を奪われた遺族の父親に、「犯人を死刑にしてほしいと思わないか」と問う場面がありました。息の詰まるような長い沈黙が印象的な場面です。

このやり取りの続きはぜひ映像でご覧いただきたいと思いますが、みなさんにぜひ知ってもらいたいのは、「死刑制度」をもっている国は、世界全体を見わたせば決して多数とは限らないということです。

●欧米で発展してきた福祉国家

映画では、そのほか、大学授業料の無償措置や女性の社会参加、医療制度といったものが取り上げられます。

ムーア監督が驚きながら取材の対象としていたのは、いずれも優れた社会保障の制度です。働く人の権利を守り、人々が安定的に豊かに生活する権利を保障し、そして、子どもや若者たちの学ぶ権利や生きる権利を保障していく仕組みです。ヨーロッパの国々では、社会全体で、誰もが安心して生きていくために必要な最低限の社会保障の仕組みをあらゆる社会の領域で整えています。これを「福祉国家」といいます。

興味深いのは、映画の最後、ムーア監督は、有給休暇制度も給食制度も大学授業の無償措置制度も、自由教育や犯罪加害者救済の思想も、かつてアメリカの労働運動や市民運動のなかにも見られたものだったと振りかえることです。

つまり、歴史的にはアメリカでもこれらの制度を求める運動があったし、制度として確立したものも存在します。しかし、それが少しずつ後退して切りくずされてしまっている、これをムーア監督は告発しようとしているのです。

図表１　女性の社会参加の国際比較順位表　（%）

	女性の就業率（15～61歳女性）					
	2016年	2015年	2014年	2013年	2012年	2000年
日本	66.0	64.6	63.6	62.4	60.7	59.7
米国	64.0	63.4	63.0	62.3	62.2	67.8
カナダ	69.7	69.4	69.4	69.7	69.2	65.6
英国	69.5	68.6	67.8	66.4	65.6	65.6
ドイツ	70.8	69.9	69.5	69.0	68.1	58.1
フランス	61.4	61.1	60.9	60.4	60.1	54.3
イタリア	48.1	47.2	46.8	46.5	47.1	39.6
オランダ	70.1	69.2	69.1	69.9	70.4	62.7
スウェーデン	74.8	74.0	73.2	72.5	71.8	72.2
デンマーク	72.0	70.4	69.8	70.0	70.0	71.6
フィンランド	67.6	67.7	67.9	67.8	68.2	64.5
ノルウェー	72.8	73.0	73.4	73.5	73.8	74.0

資料：OECD Databaseより、宮城道良作成

ひるがえって、私たちの国はどうだろうかと考えてみることが大事です。日本では、短い給食時間のために、食べ残しをしないよう厳しい指導がされているように思います。日本は、大学授業料が世界でもトップクラスで高い国になっていますし、女性の社会参加も非常に遅れています。

教室での食事は衛生的に大丈夫でしょうか。私のアメリカの友人は、長いバカンスをわりと楽しんでいます。

私には、ムーア監督が嘆くアメリカの状況よりもさらに遅れた位置に私たちの国はあるように感じられます。

●日本型企業社会の特殊性はどこにあるか

つまり、日本では、福祉国家を形成する社会保障制度がまだ十分には発展してきてはいないと考えることが大事です。

休業・失業中の生活保障は不安定ですし、安

価に提供されるべき交通は、一部の公営バスや地下鉄を除けば、高い料金となっています。

公営住宅に入居できる世帯は一部にとどまり、多くの人は高額の家賃やローンを支払わなければなりません。介護、大学までの教育など、生きていくために必要なもののほとんどすべてを「商品」として購入し続けなくてはなりません。

こうして私たちは、「高い賃金」を獲得し続けなければならない社会に生きています。これが欧米の福祉国家との決定的な違いなのです。医療、年金、住宅、交通、介護、教育、など社会保障が十全に整備される福祉国家では、人々は「高い賃金」を獲得することが目標にはなりません。

自分がやりたいことをやって生きていくことができる、だから人生の選択肢が広がるのです。

3 子どもと青年が生きづらい日本の社会

石井拓児

●日本型企業社会と受験競争システム、過労死

これまでお話ししましたように、日本では、福祉国家的な社会保障の仕組みが十分に整備されていません。そのため、私たちは、ごくごく「普通」の暮らし、「安定的」な暮らしを手に入れようとするならば、「高い賃金」を獲得しなければならない社会に放りこまれてしまっているのです。

生活の安定を求め、「高い賃金」を獲得し続けるためにはどうすればよいか。

みなさん、もうお分かりのように、私たちの国では、「正規社員となって、終身雇用と年功型賃金を手に入れること」が、ただひとつの人生モデルとなってしまうのです。家族を大事に

したいから短時間での雇用（非正規雇用）を自分から選ぶとか、自然が大好きだから田舎での生活を選ぶとか、まずはゆっくり病気の治療に時間を費《つい》やしたいとか、スポーツや芸術・文化に多くの時間を費やしたい、ボランティア活動で生きていきたい、といった人生選択が、じつはとても難しいのです。

これが、日本で激しい受験競争システムが成立してきた原因でした。そして、日本でだけ「過労死」がくりかえされる最大の要因でもあります。

つまり、少しでも名の通った給料の高い企業に入ることや、安定的な雇用と給与が保障される公務員や教員になることが、多くの子どもと青年たちの人生目標となってしまっているのです。そのために、多くの人は、少しでも偏差値が高く、就職や進学の実績をもった高校や大学に進学したいと考えます。こうして激烈な「受験競争システム」ができあがるのです。

そして、いちど入職（入社）すれば、退職（退社）することは容易ではありません。

失業補償・休業補償が十分ではありません し、何といっても社会保障が整っていませんから、生活費にたちまち困窮してしまいます。年功賃金ですから、定年退職前に離職することの経済的デメリットがあまりに大きいですし、会社が提供する福利厚生（社宅やいろいろな手当て）も捨てがたい。大学で多額の奨学金を借りていたならば（奨学金制度も日本だけが「返済型」という特殊な状況です）、入職後（すなわち卒業後）すぐに巨額の返済がスタートします。

会社に入ったら最後、やめられない。これが過労死・過労自殺につながるのです。

●日本の部活動ってどこかおかしくないですか

部活動の勝利至上主義も、ここから生まれてきました。部活動大会での成績が、高校進学や大学進学、あるいは有名企業への就職のための「武器」になるからです。

この国では、学校での体罰は、もう70年も前から法律で禁止されていますが（学校教育法）、体罰は今もなかなかなくなりません。部活動大会で上位の成績をとるためには、多くの教師や指導者が「体罰が有効だ」と感じているからです。また、私の知る範囲では、保護者や生徒の側も、「強くなりたい」ということを理由にして、体罰を容認するケースも少なくありません。

だから日本では、部活動に入って、例えば「音楽を楽しみたい」とか、「スポーツを楽しみたい」ということが、認められにくいのです。ほとんどの子どもたちが、音楽やスポーツの「プロ」をめざすわけでもないのに、猛烈な練習でしごかれ、長時間の練習に拘束され、そして、場合によっては理不尽な暴言や暴力にさらされているのです。活動を「楽しむ」ということが、勝利至上主義と相いれないからです。

学校の部活動が進学や就職の材料とされていて、また、「よい大学」や「よい企業」に入ることでしか安定的な人生を手に入れることができないような私たちの社会では、「部活動改革」は容易にはすすまないでしょう。

●日本で深刻な子どもと若者の自殺

【図表２】をご覧ください。２０００年頃、日本では自殺者数が毎年３万人をこえて、諸外国と比べても「生きづらい国」となってきました。近年では、全体の自殺者数は、ようやく減りはじめてきたのですが、小中高生の自殺者数は減っていません。少子化で子どもの数がかなり減ってきていますので、おそらく自殺率は過去最高を更新し続けているとみてよいでしょう。年齢の範囲を広げて、「15歳～34歳の若い世代」を見ても、自殺問題は深刻です。【図表

3】は、同年代死因別の死亡率を示したものですが、死因の第1位が「自殺」である国は、先進国では日本のみとなっています。

この国で、自分らしく生きることが難しくなっている状況がとりわけ若い世代のなかにひろがっていることが、あらためて浮き彫りになっているように思います。

自分らしく生きることは「人間の尊厳」そのものです。私たち一人ひとりの尊厳を守る福祉と社会保障の制度をどのようにして取り戻していくのか、すなわち私たちの国でヨーロッパ並みの福祉国家をどうつくりだしていくのかを、本気で考えなくてはならない段階にきていると思います。

図表2　減らない子どもの自殺

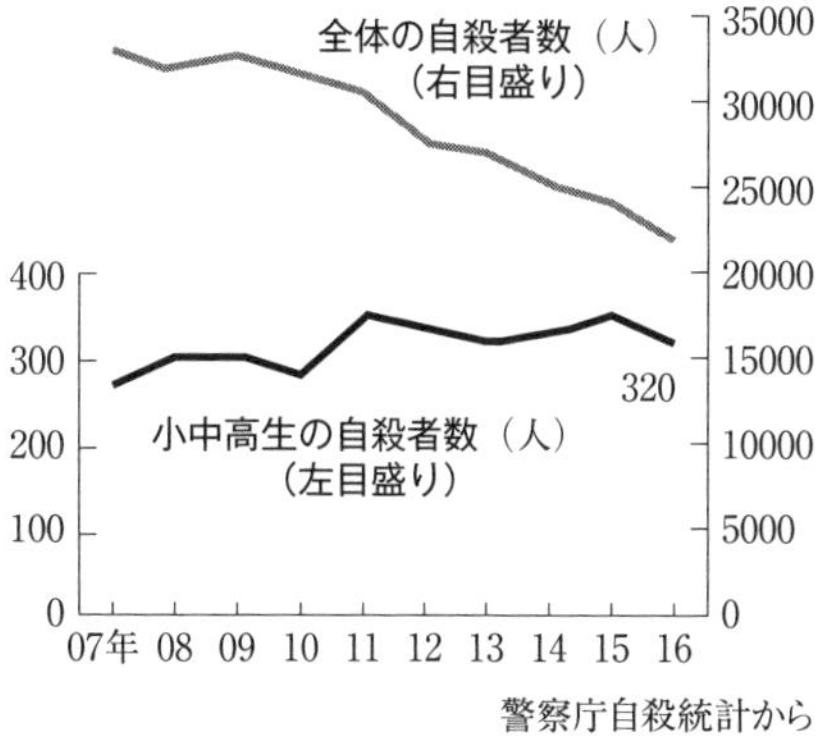

資料出所　朝日新聞　2017年4月21日付

図表3　若い世代（15～34歳）の死因で自殺が一位は、先進7か国で日本だけ

	日本 2013			フランス 2011			ドイツ 2013			カナダ 2011		
	死因	死亡数	死亡率	死因	死亡数	死亡率	死因	死亡数	死亡率	死因	死亡数	死亡率
第1位	自殺	4,731	18.1	事故	2,377	15.4	事故	1,598	8.5	事故	1,558	17.9
第2位	事故	1,533	5.9	自殺	1,440	9.3	自殺	1,428	7.6	自殺	1,043	12.0
第3位	悪性新生物	1,262	4.8	悪性新生物	1,004	6.5	悪性新生物	1,027	5.5	悪性新生物	502	5.8

	アメリカ 2012			イギリス 2013			イタリア 2012			韓国（参考） 2013		
	死因	死亡数	死亡率	死因	死亡数	死亡率	死因	死亡数	死亡率	死因	死亡数	死亡率
第1位	事故	27,586	32.0	事故	2,038	12.1	事故	1,589	12.3	自殺	2,580	18.3
第2位	自殺	11,068	12.8	自殺	1,120	6.6	悪性新生物	889	6.9	事故	1,225	8.7
第3位	殺人	8,885	10.3	悪性新生物	1,070	6.3	自殺	620	4.8	悪性新生物	874	6.2

資料出所　『自殺対策白書』（厚生労働省）2018年版の図1-10（白書13頁）

4　新自由主義と福祉国家

石井拓児

●グローバリゼーションとは何か

21世紀以降、人類はかつてないような新しい社会段階に入ってきました。地球規模で人や企業が移動したり連絡をとりあったりすることが可能となり、インターネットの普及や衛星通信技術の開発によって、世界中の情報が瞬時に手に入るようになりました。これをグローバリゼーションと言います。

このことによって、各国や地域の法律や税制度の違いを利用して、大企業や富裕層が税から逃れる手法が確立されてきました（これを「税逃れ」といいます）。これが各国で租税徴収を困難にし、財政難を引きおこしてきました。そのため、多くの国で、20世紀につくりあげてきた福祉国家の社会保障制度を切り崩す動きがでてきます。社会保障制度をどんどん小さくしていく動き、これが「新自由主義改革」です。

グローバリゼーションと新自由主義改革のもと、大企業と富裕層はますます「税逃れ」をすすめ、私たちの暮らしを安定させる社会保障が切り崩されていきましたので、格差が急速に拡大することになりました。

●新自由主義の最先進国・日本

とはいえ、すでにお話ししましたように、ヨーロッパやアメリカでは、社会保障の仕組みをつくりながらその制度が少しずつ後退しはじめてきているのに対し、日本では、もともと社会保障の仕組みが十分ではありませんでした。ここに新自由主義改革が入りこんできていますから、私たちの生活は、ヨーロッパやアメリカと比較しても、極度に不安定化してきています。

日本で安定的な生活を保障してきた日本型雇用（終身雇用と年功賃金）が崩壊してきているからです。とりわけ若い世代が日本型雇用から排除されるようになってきましたので、子育て世代が深刻な影響を受けています。だから、急速に子ども・若者が生きづらい社会になってしまったのです。

医療や福祉、教育といった分野で、ちゃんと「公共空間（難しい言葉になりますが、これを「普遍的現物支給の仕組み」といいます）」ができあがっていれば、新自由主義改革は簡単にはすすみません。

ところが日本の場合、この仕組みが整えられていないため、制度が簡単に崩されてしまうという弱さをもっています。今や日本は、新自由主義の最先進国ともいうべき状態にあると私はとらえています。

●「この道しかない」のウソ

何度も言いますように、新自由主義は、巨大企業と富裕層とをますます肥え太らせ、私たち働く人の暮らしを守る福祉制度を壊します。「この道」の先に、希望を見出すことは絶対にできません。にもかかわらず、新自由主義改革を推進しようとする人は、平気で「この道しかない」とウソをつきます。

サッチャー首相

例えば、1980年代にイギリスで新自由主義改革をすすめたサッチャー首相は、「There is no alternative（選択肢はないぞ）」と言いました。新自由主義改革として「アベノミクス」を推進した安倍前首相も、「この道しかない」を選挙スローガンに掲げていました。

しかし、研究者の世界では、資本主義の国々にも、多様性があることを見出してきました。なかでも北欧の国々では、社会保障を整備し、したがって幼児期から大学まですべての教育段階で完全無償化（「完全無償化」とは、私費負担がゼロで、ノートや鉛筆などの文具もすべて支給されます）を実現し、そのことで経済競争力を維持し続けています。ドイツでは、働いている人の病気休暇中の手当てが充実し、地域単位でスポーツ機会を無償で提供していますが、このことによって医療や介護などの社会保障費をむしろ抑制することにつながっています。日本と比べてどちらが「健康な国」と言えるでしょうか。

私たちの国で、「この道しかない」と言いながら突き進んでいるその方向は、世界全体を見わたしてみると、私たちの国だけが突き進んでいる「道」でしかありません。その「道」は、小さいころからの激しい競争の延長に、死ぬまで働かされ続けるしかない社会、働くことから離脱できない社会なのです。

次に、働かないことの自由を含め、生き方の多様性を承認する社会をどう実現するか、すなわち私たちの国で本当の福祉国家を実現するにはどうすればよいのかを、みなさんといっしょに考えたいと思います。

5 人間の尊厳と多様な生き方

石井拓児

●多様な生き方を承認するのか否か

ここでは、「多様な生き方」ということについて、みなさんとともに考察したいと思います。

日本では、「働くこと」を美徳とする社会が形成されてきましたが、これは日本の社会保障システムの特質からくるものです。すなわち、就労を前提とする社会保障という仕組みです。

生活保護でも失業保険や医療保険でも、就労していることを基本としてこれらの保障をうけることができる仕組みになっているのです。

そのため、生活保護の場合、働ける能力がありながら、働かないという選択をした場合、保護が停止される可能性が高くなります。そんなことは「当たり前だ」とみなさんは考えるでしょうか。

このことひとつとっても、ヨーロッパの福祉国家とは制度の仕組みがことなっています。イギリスのある有名な作家は、作品が売れない時代も毎日喫茶店で小説を書いていましたが、その間も生活保護費が支給されていました。日本の制度の仕組みは、決して「当たり前」ではないのです。なぜでしょうか。

私は次のように考えます。

「働く」というのは、「お金を稼ぐ」ということと、同じではありませんし、同じであってはいけないのです。たとえば、日本では、介護や育児や家事を、男性よりも女性が分担することが多い傾向にありますが、これも立派な「労働」であり「ケアワーク」と言います。詩や小説を書いたり、絵を描いたり、歌を歌うことやスポーツを楽しむことも、それが「お金を稼ぐ」ことにつながるかどうかにかかわらず、立派な「働く」という行為です。私は、労働組合の活動や政治的な活動、町内活動だって、お金をもらっているわけでなくても「働く」ことだと思います。

日本では、こうした生き方をするのがたいへん難しいわけです。

見てきたように、社会保障制度が十分に整っておらず、生きていくために高い賃金を獲得しなくてはならないからです。その結果、「お金にならない」ことをできるだけ避けるしかなくなっているのではないでしょうか。そのことに価値を認めていないのです。

●自分らしく生きる（＝人間の尊厳）ことを保障する福祉国家

一人ひとりの自分らしく生きる権利を保障する社会、これは、日本国憲法が承認する社会理念でもあるはずです。日本国憲法は、「個人の尊厳」を大事にしているからです。そうした社会理念が前提とする「社会像」とは、福祉国家そのものだと言わなくてはなりません。

それは、家族との生活を中心にすることを選択し、そのために非正規雇用を選択しても生きていける社会のことであり、農業や林業や伝統工芸といった職業選択を認めることであり、音楽やスポーツやレジャーを自由に楽しむことが許容される社会であり、ボランティアなど無償労働を選択する人生を承認する社会のことです。

自分は豊かな暮らしは望まなくても、困っている人を少しでもお手伝いしたい、お手伝いした人が喜んでくれることが自分の喜びだと考えることは、とても素敵な人生ではないでしょうか。

また、障害をかかえている人も、生きづらさを抱えていたり引きこもりとなっていたりする人も、安心して生活して暮らしていける社会のことでもあるでしょう。とうぜん、差別は許されず、性の多様性も承認される社会となるでしょう。高度な福祉国家を実現している北欧の国々は、じつは女性の社会進出が圧倒的にすすんでいる国でもあるのです。

●立ち上がる世界の青年たちとともに

程度の差こそあれ、新自由主義改革（緊縮財政政策）によって、世界のどの国でも社会保障制度の切り崩しや制度後退が問題になってきています。多くの国々で、緊縮財政政策に反対する「反緊縮」の旗を掲げ、青年たちが立ち上がっています。フランスの「黄色いベスト運動」が話題になりましたが、イギリスやアメリカ、スペインやポルトガルでも大きな運動が生まれてきています。

税逃れで巨額の富を蓄積している巨大資本や富裕層から、適切に課税することができれば、福祉国家のための財源は十分に確保することができます。そのための新しいグローバル課税制度の研究もすすめられてきています。

私たちの国でも、こうした運動を今すぐ立ち上げなくてはなりません。そのためには、私たちの生きている現実を疑うことからはじめ、「理念」に照らして現状を鋭く告発する、その感性を磨かなくてはなりません。世界の多様性を知り、生き方の多様性を承認すること、そのための学習活動をあらゆる場所で大いにすすめていきましょう。

以上の内容につき、より詳しく知りたいという方は、石井拓児「戦後日本における教育行政学研究と福祉国家論－福祉国家教育財政研究序説－」（『教育論叢』第60号、２０１７年）をご覧下さい。インターネットでも検索できます。

6　高校生制作の映像ドキュメンタリー作品「過労自殺」ができるまで　Ⅰ

——石井講演を聞いた高校生たち

宮城道良

●「過労自殺」制作のきっかけは、生徒会長だった

２０１９年10月11日、同朋高校（名古屋市）放送部制作のドキュメンタリー作品「過労自殺」が、中日新聞「名古屋市民版」に記事『人ごとではない』過労自殺問う～同朋高校放

中日新聞記事

送部　３年間かけ映像化〜」として載りました。制作のきっかけは、放送部生徒の思いつきではなく、元生徒会長のＮさん（女子・当時高校２年生・高フェス実行委員、表紙写真の一人）でした。そもそも最初からその作品を作ろうということではなかった。まずは、「学びたい」ということでした。

いきさつをいうと、２０１５年にさかのぼります。２０１５年度「同朋高校オープン・フォーラム」（生徒・保護者・教員による開かれた学校作りの意見交流会、２３０人規模、11月開催、フォーラムについては２章に詳細を記載）の第１分科会「大人になるとは」で、当時話題の「十八歳選挙権」に話が飛んだとき、保護者・市民や教員の論議に、生徒側は情報が少なく話についていけなかったという苦い経験をもって終わりました。

２０１６年度「同朋高校オープン・フォーラム」の第１分科会「大人になるには」で議論するにあたり、まずは「十八歳選挙権を深く知りたいので、高校生向けの事前学習会をしたい、いい講師はいないか」とＮさんにせがまれました。事前学習会に来てもらったのは２人。森正さん（愛知学院大学教授・政治学）と、石井拓児さん。お２人には、10月の別々の日に、別々の観点で、大人になるということを語ってもらいました。具体的には事前に宮城の方から、森さんには「十八歳選挙権になるが、若者が選挙に行かないと、どう損なのか」をデータから示してもらいたい、石井さんには労働問題を意識して語ってもらいたいとお願いしました。

そういった事情から、石井さんは、２０１６年10月21日の放課後、一年クラス委員長らと希望者（２〜３年生を含む）、放送部員あせて80名ほど集まった生徒の前で、「国連の子どもの権利条約」「日本と欧米の労働の違い」、そして「働くことの意味」を説明されました（石井講演の全文は２章参照）。生徒たちは、最初は静かに聞きこんでいました。

講演の後半、石井さんは、いまの日本は異常な労働実態・環境が放置され、「過労死・過労自殺」が起きていることを紹介、「過労死」は「KAROISHI」、英語になったと。集まった生徒たちは、次第にメモを熱心にとり出しました。その姿に逆に石井さんのほうが感涙…。「叔父が40歳代で過労死、私も同じ年齢になった。自分も過労死で死ぬんじゃないかと、ずっと不安な気持ちで生きてきた」「過労死で亡くなる人を絶対になくしたい」と石井さんも本音を語りだしたのです。これは、私も少々驚きました。そして、講師を嬉し涙で泣かすなんて、この学習会は成功だった…、やって良かったと確信しました。

講演が終わって、質問！ といきなり８人が挙手。感想文用紙にも24人が質問を記入しました。今回は、その質疑応答４つを紹介することで、これから労働者になろうとしている若者の不安を理解してみたいと思います。

●「過労自殺」への質問と石井さんの返答

Q 尾崎豊が生きていた時代は感情をあらわにできた。今は表面的には平和だが、皆な、生き生きしていない。

A 今は不健全。弱いものをいじめる、何が楽しい？ かつて大人や教師に反抗していた校内暴力のほうがましだという気持ちになる。

なぜこうなってしまったのでしょう。

Q Karoshi…企業が過度な労働時間をなぜ隠すことができるか？ 労働法を定める意味があるのか？

A タイムカードを押して残ったり、風呂敷残業（持ち帰り残業）をさせたり…、残業が見えにくい。過労死認定もしにくくなっている。「異常な働かせ方、働かされ方をさせられている」と感じたら、メモやツイッターでつぶやくことは証拠になる。そして、法律を守るという政治と社会をつくらないといけない。

ヨーロッパでは、必ず有給を30～40日近くとることが法律で義務づけられている。日本は半分の20日ほどで、しかも法律で義務化されていないため、多くの人が有給を活用できていない。実際、現実に忙しすぎてとれません。

日本で有給がとれないのは、働く人のせいでなく、法と制度の整備が遅れているから。それがあれば有給がとれて、もっと豊かな生活ができるはず。

Q 高校の学費の公私格差が大きい。3人に1人は私立。学費が払えず学校を辞める人もいる。日本は自己責任が大きい社会だと思います。そんな高校生にひとこと、お願いします（生徒会長Nさん）。

A ヨーロッパの高校や大学は、公立だけではなく、私立も学費は基本無償です。

日本の高校生は部活、宿題、校内外の活動、人によってはアルバイト…自由な時間がとれない。皆さん、寝ていますか? 日本の授業時間が長すぎる。法律で決まっているから。

それを減らすのが大前提ですが、おかしいことはおかしいと言ってほしい。そして大学生と高校生が一緒に学んでほしいと思っています。

Q 有給休暇の制度を変えても、企業や政府にメリットはなく、変えられないのでは?

A 社員が常に健康で、しっかり休んで休暇を楽しみ、会社でも元気に働けば、むしろ生産性は上がります。

法律で有給休暇の日数の多いドイツ・イタリアは、労働組合が強いというだけでなく、大きな企業の経営者たちもそのことを理解しています。「長時間働かせて生産性を上げよう」と考えるのは、もう古い。日本企業の世界での地位低下も顕著です。

この国の経済は、すでに成り立たなくなっている。若い人が健康を壊し、人材が育っていないからです。

7 高校生制作の映像ドキュメンタリー作品「過労自殺」ができるまで Ⅱ
――放送部生徒による作品制作

宮城道良

●生徒の提案で「過労自殺」遺族の話を聞く

2016年10月21日放課後、同朋高校で希望者ら80人が集まった学内学習会で、石井拓児さんが「子どもの権利条約」「日欧米の労働の違い」、そして「日本だけ『過労死・過労自殺』が起きていること」を語り、その直後8人もの生徒が質問で挙手。参加生徒ほぼ全員の感想文にも、24個の質問が書かれていました。時間切れのため、その場で質問が出来なかった人は感想文に書いてくださいと私が頼んだからです。

学習会で黒板に板書する石井氏

そのため、12月末、その質問と感想をもって、生徒会長のNさん、生徒会役員や放送部員は、石井研究室を訪問しました（表紙写真参照、同朋高校は条件付きで私服登校も認めているので、私服生徒も現役高校生）。かの女・彼らは、石井さんを4時間にわたって質問攻めにしました。

放送部員2名は、この日も録画を兼ねて参加でした。その帰り道、「実際に過労死、もしくは過労自殺された方の遺族の話を聞けないか」とNさん。

2017年1月、知人の民放テレビ局のディレクターUさんに相談したら、一件紹介できると。Uさんは「われわれは加害企業が地元老舗企業だったから、報道番組にできなかったが」と言いつつ、2月7日に過労自殺の被害者のご遺族（お母様）と、裁判を担当した弁護士の岡村晴美弁護士を連れて来てくれました。実は、その数日前に、Uさんはことのあらましを生徒たちにわざわざ語りに来てくれました（17年2月3日）。

実は、そのまた数日前、フリージャーナリストの下村健一さん（元TBS「筑紫哲也のニュース23」ニュースキャスター）が自費で東京から放送部学習会に参加され、TV局時代、いちばん最初に男性として育児休暇をとったいきさつ等を語ってくれました（17年1月31日）。下村さんには、毎年7月に3日間行われる「愛知サマーセミナー」www.samasemi.net（私学をよくする父母懇談会・愛知県高校生フェスティバル実行委員会など4団体が主催者）で、特別講座の講師としてご講演していただいていましたが、17年7月のご講演後、高校生制作の放送番組（作品）を聞き、作品推敲にアドバイスもしてくれていました。

そういうUさん、下村さん…といったプロのジャーナリストが参加した2回の放送部内学習会もへて、そして、そのUさんの紹介で実現した過労自殺被害者の「遺族証言学習会」。生徒会有志、愛知県高校生フェスティバル（高フェス）実行委員有志と放送部合同の会となりました。石井先生も、車を高速に乗せて名大から駆けつけて来られました。

被害者のお母様は、2012年に娘を飛び降り自殺で亡くされ、企業が過労自殺と認めないため、来ていただいた当時は裁判で係争中でした（2018年、最高裁決定により被害者側勝訴が確定、3紙が11月16日掲載、資料17で記事掲載）。まず、事件の概要は岡村弁護士が30分にわたって語ってくれました。

質疑応答のなかで、その時も今も心に傷をおってみえるお母様も、3度発言。「高校出て学校就職で勤め、いろいろあるなかで3年間、娘は仕事は辞めたらすぐ見つからないとガンバった」「いじめた同僚先輩女性2人が、『あの子が勝手に死んだんでしょう』というのが聞こえて来てしまった…。それが裁判を起こして会社側の責任を問いたい動機だった」「上司は、全く無関心だった。私が行って訴えても、介入してもくれなかった」。

この時に撮った放送部映像は、2019年2月12日のNHK東海・北陸の夕方ニュース「まるっと！」の特集「生徒がパワハラ取材～過労自殺から学ぶ働く意味～」（九分間）でも使われました。これは好評で後日さらに編集され、7分版特集が東海・北陸地方のニュースのなかで報じられました。

ニュースを観た保護者（卒業生保護者を含む）や教員（他校教員を含む）は、やはりお母様の話が一番ショックだったと感想をもらした。

そのお母様が「遺族証言学習会」で高校生たちに話をし終えたとき、TVニュース特集や新聞記事は報じませんでしたが、実はちょっとした「ドラマ」がありました。放送部部員Yさん（1年生女子、母子家庭・貧困でアルバイトしながら通学）が「私も高校出てすぐ働こうと思っている。家計が苦しいため…。母も安いパート労働だけど家計のため辞められない、毎日のように身体のあちこちが『痛い、痛い』と言いながら働いている。ほんとうに苦しそう…、だけど生活費と私の授業料のために、身体を壊しながら働いている。その姿を見てしまっているので、私もきっと働きだしたら仕事は簡単に辞められないと思う」と告白したのです。

するとカメラを回していた放送部員F君（1年生男子・後日美術系の「名古屋造形大学」に進学）が突然、挙手して「自分もしゃべっていいですか。…お母様の話も聞いて、そしていまYさんの話を聞いて、いま考えが変わりました。『今までは、嫌なら仕事は辞めればいい』と思っていたが、仕事は簡単に辞められないって、わかった」と発言。

その後、会はまさに討論授業の様相になっていきました。お母様は、この日の証言学習会は「授業」とよんでいます。ある意味、本当の授業だったかもしれません。これは、私も、石井さんも岡村さんも、そしてお母様も大きな驚きでした。「学習」（学び）は、人の考えを変えるのです。

●「過労自殺」ドキュメンタリー制作へ

そういう流れのなかで、学習会が終わったあと、Nさんが「ぜひ、過労死・過労自殺、多くの高校生に知らせたい！」と言いだしました。すると、それを受けてTさん（女子・当時高校1年生・高フェス実行委員・放送部員、表紙写真の一人）が「放送部で『過労自殺』のドキュメンタリーをつくりたい、コンテストやコンクールねらいでなく、多くの人に見てもらうために！　ひとりでも過労自殺をなくすために！」と強く訴えたのです。

翌年２０１８年６月１日、まずは仮作品「過労自殺してたまるか！」（７分版）ができ、まずは情報をくれた地元ＴＶ局Ｕさんに聞いてもらい（６月11日）、日をあらためて石井拓児さん、岡村晴美さんにも聞いてもらいました（６月23日）。岡村さんを通じてお母様にもＣＤの形で仮完成版を聞いてもらいました。しばらくして、岡村さんがわざわざ来校されて、お母様からのＡ４一枚のお手紙をいただきました。

その半年後の２０１８年９月26日、お母様からの返書の手紙の一部を部員が代読した部分を加え、音声状態も改良して、ついにラジオ版「過労自殺、しちゃダメ」（9分30秒）が完成しました。9月29日の文化祭の公開では、朝日新聞の告知記事「20代過労自殺取材、高校生が音声作品に」が前日の朝刊「名古屋」版に載ったこともあり、当日は「過労死防止シンポジウム」関係者（証言された岡村さんのほかに弁護士・大学研究者ら3名）、医療関係者（証言された勢納八郎医師、別作品を観に来られた名古屋南医療生協の理事5名）、他校生徒8名、本校一般生徒（部員以外）11名、卒業生22名（部員ＯＧＯＢを含む）、保護者（保護者ＯＧＯＢを含む）12名をはじめ、会場はほぼ満員となりました。

全国紙では、「赤旗」（日曜版）が２０１９年２月３日号で、「過労自殺　人ごとじゃない」と題して紹介してくれました。その後、後輩たちが、一年かけて映像版を完成させました。

19年の文化祭上映会には、「ぜひ、観たい！」と、卒業生の元部員が13名も集まってくれました。その様子を見て、いまの現部員もドキュメンタリーを作りたいと言っているので、未来の労働者に期待を感じて、少しうれしく思っています。

20代の過労自殺取材
高校生が音声作品に
同朋高放送部制作
あす文化祭で発表

「朝日新聞」記事

高校生がラジオドキュメンタリー
過労自殺
人ごとじゃない
地元で21歳女性が…２年かけ取材
労基法学んで身を守ろう

「赤旗」（日曜版）記事

そして、この映像版は、司法関係・医療関係・教育現場でも使ってもらえたら…と思っています。これも、世代をこえて3年間かけて、高校生らが作ってくれたおかげ。粘り強く、「取材聞き取り・録音」「文字おこし」「音声・映像編集」してくれた高校生の皆さんに感謝です。

ちなみに、この作品制作で主な協力者は、被害者のお母様・被害者顧問弁護士（岡村晴美さん）、教育学者（石井拓児さん）、地元大病院の医師（当時同朋大学学校医の勢納八郎さん、「過労死と過労自殺」はちょっと違うと教えてくれた）、卒業生弁護士（被害者と同世代で高校時代にリーマンショック不況を体験、「仕事はあることがありがたい、簡単に辞められない」などを教えてくれた）、被害者母を紹介してくれた地元TV局ディレクターUさん（その後も何度も高校に来て、作品作りにアドバイス）、在京のフリージャーナリストの下村健一さん（2度も来名して助言）のほか、在校生ら。

在校生は、アンケート協力に200人。加えてインタビューに5人が応えてくれました。大人や同級生に「なぜ、このような作品をつくろうとしているのか」、それを説明するのにも、部員はひと苦労でした。しかし、仲間と一緒に、市民（学外）や同級生（学内）に制作趣旨を説明する力、作品を作り上げる力、上映会で批評を受けとめる力は、労働者になったとき、労働者どうし助けあって、学びあって、行動する力になると考えて、こちらも辛抱してつきあいました。

最後に、読者の皆さんにお願いがあります。高校生が作った映像ドキュメンタリー作品「過労自殺」15分版は、Webサイトで「TVF2020　同朋」（※）と検索するとYou Tubeで観れます。もしくは、1982年度卒業生元部員の庄司巧さん（写真家）制作責任のWebサイト「同朋高校放送部応援サイト」（https://doho-housoubu.com 運営：ミニブロックデザイン株式会社〈社長の橋口卓弘さんは1995年度卒業生〉）でも8分版が観れます。ぜひ労働者仲間、大学・専門学校のゼミやサークル仲間と観ていただき、意見交流をするなかで「働くとは何か」を論じ合っていただければ幸いです。

（※ TVFとは東京ビデオフェスティバルのこと。当時審査員は、故・大林宣彦さんや故・高畑勲さんら。2015年〈戦後70年の年〉、同朋高校放送部は「アジア太平洋戦争、中国の2つの戦場」でビデオ大賞〈最優秀賞〉を受賞。こちらも「TVF2015同朋」や「同朋高校応援サイト」でWeb検索すると作品が観れます。なお、TVF運営に携わる下村健一さんとのご縁は、2015年からでした。）

同朋高校放送部応援サイトTOPページ
2020年10月現在

8 もういちど、人間の尊厳について

石井拓児

●高校生との学びを通じて感じたこと、私が高校生から学んだこと

ご紹介がありましたように、私は、愛知県の同朋高校の生徒のみなさんと、過労死・過労自殺についてともに学ぶ機会を得ました。受験本番を間近にひかえた10月のある日の放課後、希望者を含めたたくさんの高校生が集まってくださりました。私にとっては、このことだけでもたいへんな驚きでしたが、驚きはそれだけにとど

まりませんでした。

この学習会を準備するにあたり、私は高校の授業時間と同じ50分間でお話をするつもりで準備をしていました。ところが、会場に到着すると、企画を担当していた高校の先生が「90分でお願いします」と言うのです。大学生でさえ、90分間の講義を集中してじっと聞くことは難しいことです。私の授業の力量不足の問題も大きいのですが（笑）、多くの学生が居眠りしてしまいます。

本当に驚きました。80人もの高校生が、誰も居眠りすることなく、疲れているであろう放課後に、私の話を、耳を傾けて熱心に聞いてくれているのです。当日、会場には、新聞社やテレビ局の報道関係者が取材に入っていましたが、学習会の終了後、カメラマンの方も「真剣に話を聞く高校生のすばらしい表情を収めることができました」と感想を述べておられました。

私は、ここに希望がある、と強く感じることができました。

高校生や若者たちは、誰もが「尊厳」をもって生きていきたいと強く願っているのではないか。当たり前のことのようだけど、じつはそれは当たり前じゃない。厳しすぎる校則や理不尽な体罰に対し、あきらめてしまう高校生は決して少なくありません。いまその場を何とかクリアして生きていけばいい、そんなふうに考えてしまっている若者だっていることでしょう。けれども、表面的にはそう見える若者たちも心の根底では、自分らしく生きていきたいと願っているのではないか。

そして、過労死や過労自殺で亡くなってしまった若者がいることにとまどいながら、これをどう受け止めてよいのかを本気で考えようとしているのだと私は感じました。

●私たちの「尊厳」に気づくために

私がこの本を通じて、学び働く皆さんといっしょに考えたかったことは、私たち一人ひとりがもっている自分の「尊厳」というものに、もっともっと敏感になりませんか？　もっともっと自分のことを大事にしてみませんか？　ということです。

あくせく生きる日々の生活のなかで、あるいはめまぐるしい忙しさのなかで、あるいはぎりぎりの生活や息苦しさや困難さに追われているうちに、私たちは私たちの「尊厳」が少しずつ削りとられ、小さくさせられているのかもしれない。そんなふうに感じることが、私にはあります。

満員電車に押しこまれ、くたくたになりながら学校や職場に通うことは、私たちの尊厳が傷つけられているということではないか。休みなく働かされ、たまの休日は疲れて眠るだけ。単身赴任や長期の出張の連続で家族や友人とともに過ごす時間がほとんどないのも、やはり、私たちの尊厳が奪われているということなのではないか。コンビニの添加物だらけのお弁当で空腹を満たすことはどうだろうか。家族とともに過ごしたり、ともに家族や友人と旅行に出かけたり、おいしい食事を楽しんだりすることは、私たちの尊厳そのものなのではないのか。

この本では、欧米諸国と比較して日本では、この社会で生きる人たちの生活の保障や働くルールが十分ではないことを指摘してきました。そのなかで、私たちの「尊厳」が、見えにくいくらい小さくさせられてきました。

私たちはいま、傷ついてボロボロにさせられてしまった私たち自身の「尊厳」を見つめなおし、見つけ出すことからはじめなくてはなりません。

●仲間とともによりよい未来を創る

もしも私たちの心が何かの苦痛を感じたのだとしたら、それは私たちの「尊厳」が傷つけられ痛めつけられているということなのかもしれ運動のなかにこそ存在しているのです。

ません。いま、多くの人たちがそのことに気がつき、声をあげはじめています。

職場でのパンプス着用の強制によって感じる苦痛も、職場の上司や同僚によるハラスメントやいじめによる苦痛も、私たち人間の尊厳の問題だととらえられるようになってきています。

そして、「私（自己）の尊厳」というものを深く深く感じ取ることができるようになったら、きっとあなたは、「あなた（他者）の尊厳」の大切さを強く感じることができるようになっていることでしょう。そのときは、地球の裏側に生きる人々や、過去に生きた人々、これから誕生してくる未来の人々の「尊厳」にも共感し、ともに生きるためにはどうすればよいのかを考えることのできる人に成長することができるでしょう。

よりよい未来を創る原動力は、人間の尊厳そのものから出発して、苦痛からの解放を求め、何度でも立ち上がりそれを求めつづける人々の

第2章 主権者として生きる

9 高校生たちが「過労自殺」を真剣に考えたわけ

――学校4者フォーラムの意義

宮城道良

●高校生が「過労死」「過労自殺」を真剣に考えるきっかけは、4者フォーラムだった

「過労死・過労自殺」という社会現象について、高校生たちが真剣に考えたのはなぜだろうか？　そして、それをほかの高校生にも伝えたいと放送作品を創った、放送部員たちの原動力は何だったのでしょうか？

そのことを石井さんと何度も話をするなかで、「いまの教育に欠けているものは何か」「過労死・過労自殺しない若者をどう社会に送るべきか」について、いくつか見えてきたことがあったので、ここではそれを述べたいと

全体会、右から５人目が石井さん
(同朋高校オープン・フォーラム開会のようす)

思います。

この章を書くにあたって、そもそも、大きなショックだったのが、川人博弁護士の「現在の日本では、中学校・高校・大学を通じて、労働法などの基本的知識を学ぶ機会がほとんどない」「1000年も前の歴史を学ぶくらいなら、簡単な労働法でも、逃げ道を学んでから社会に出ないと、根本的な解決にならない」（『過労自殺　第二版』岩波新書　2014年、244ページ）という言葉です。現役の教師として、歴史を教えている私にとって、日ごろから、近現代史こそ教えなければと考えていただけに、この部分はしっかり眼にとまり、何度も読み返してしまいました。

私は、歴史の授業で、日本の近代戦争（とくに、満州事変・日中全面戦争・アジア太平洋戦争）にこだわり、「下級兵士は、戦場において加害兵士にさせられたのではないか」（元兵士の近藤一さんとの共著『最前線兵士が見た「中国戦線・沖縄戦の実相」』学習の友社、2011年）、「戦争は教えてきたが、戦場は教えてきたのか」（『クレスコ』131号、大月書店、2012年）などということを30年あまり自問自答してきていました。

「愛知サマーセミナー」（あとで詳しく説明します）や、市民集会（「不戦兵士・市民の会」主催の「不戦のつどい」や「あいち平和のための戦争展」など）で高校生たちが元兵士の戦場体験証言を涙して一生懸命に聞く姿を目のあたりにして、また、放送部の生徒たちが「自分のためだけならがんばり切れなかったが、戦争中の若者だった元兵士が苦悩のなかで被害も加害も語ってくれたことを考えると完成させたい」（05年卒業のS君）と戦場体験証言のドキュメンタリー作品を仕上げた姿を見て、古代のロマンや中世の信長・秀吉も大事かもしれないが、「いま」に直接関わりをもっている70数年前の戦争を教えることについて、教える側がもっと研究もいるし、さまざまな工夫もいると思っていました。

そこへきての川人弁護士の書いた「文字」を見てしまったのです。

そこで考えたのは次のことでした。高校生たちが将来、過労死・過労自殺しないためには、機械的に労働三法を覚えるのではなく、社会科(地歴公民)授業で近現代史をしっかり学び、そしてさらに「話し合う」ことが大事ではないかということです。HR(ホームルーム)など同世代で話しあう機会は多々あるでしょうが、「話し合う」力を高めるのは、異世代間交流の「学校3者(4者)フォーラム」ではないかと考え、そこへ生徒の大量参加をよびかけたのは、2015年からでした。

同朋高校の「学校3者(4者)フォーラム」は、「同朋高校オープン・フォーラム」という、いくつか特徴があります。まずは、その、「同朋高校オープン・フォーラム」から紹介しましょう。

●画期的な高大連携・高大接続の4者による「オープン・フォーラム2017」の様子

「同朋高校オープン・フォーラム」というのは、学校教育の検証の場として、学校改革・授業改革の構想の場として、生徒・保護者・教員…、ときとして市民が集まる「学校3者フォーラム」(市民が加わるときは「学校4者フォーラム」)です。

同朋高校の場合は、最初は教員組合の主導で始まり(現在は学校主催)、親たちの意見を聞く「地域懇談会」の返答の場でもあり、「全クラス公開授業」の総括の場でもありました。

「同朋高校オープン・フォーラム2017」(11月実施)は、「学校4者フォーラム」の典型的な年だったので、少しここで紹介したいと思います。前年度の高大連携(＊)を意識して、コメンテーターは10名の大学研究者にお願いしました(前年度コメンテーター4人)。16年度に高校生たちの事前学習会の講師だった石井さんには、17年度初めてフォーラムのコメンテーターをお願いしました。

くわえて、17年度はさらに3つの特徴がありました。ひとつめは、「まとめ全体会」で、分散会の報告につづいて、生徒代表や保護者代表からの「今の同朋高校の到達点を分析する」報告もあり、それを受けて10人のコメンテーターの助言が続きました。2つめは、前年度の2つの「生徒事前学習会」（石井さんなどの外部講師）につづき、この年の生徒会の学習に関する「事前アンケート」の結果、生徒の当日参加者は大幅に増加しました。おかげで、どの分科会でもおおくの高校生が発言、まさしく「討論会」になりました。3つめは後日、保護者が詳細な「まとめ文章」を作り、それをもとに総括（反省会）がなされた点でした。

そのような熱気あふれる大人に触れ、活発に発言する同級生に触れ、高校生たちは「討論を理解し発言したい」「考えること・発言することが楽しい」となったのではないかと思います。その結果、さらに知りたい、話し合いたいとなり、過労死証言学習会に集まったり、ほかの高校生にも伝えたいと作品制作になったのではないかと考えています。

（＊）「高大連携」とは、高校と大学が連携して行う教育活動のこと。「高大接続」とは、高校・大学入試・大学が一体となった教育改革のこと。

●全クラス公開授業

「同朋高校オープン・フォーラム」の開催の直前に、「公開授業」もありました。こちらも少し紹介しましょう。

2016年度に再開された「全クラス公開授業」。全校というのは、いいも悪いもすべて見せるということで、学校としてはなかなか度胸のいることなんです。高校でよくあるのは、教科で1つずつ、学校全体で5～6つの「研究授業」を見せるというもの。もしくはテーマを設け、学校全体で1～2つ見せるというもの。練って、練って、「完成した」授業を同業者（教員・研究者）に見せるというもの…。

それではなく、親たちが01年に希望したのは、「普段着の授業」。諸事情で中断した時期もあったのですが、16年度再開したのです。

17年度は教室を開けっぱなしにして保護者がいくつもの授業を回覧できる、季節の良い10月4日に実施しました。生徒会が事前に「生徒授業アンケート」をとったほか、当日参加の保護者の皆さんには「授業見学者アンケート」、授業者（教員）には授業後「授業者アンケート」を実施しました。そのアンケート結果は次のとおりです。

保護者：「じっくり考える力、応用力、生きていく力を伸ばす授業、大学教員の出前授業などいろいろやっているとわかり、満足です」「楽しく、わかる授業でよかったです」「まる一日の公開授業だったので、いろいろな授業が見れて良かった」「内容は難しい授業でしたが、わかりやすい説明に静かに聴いて理解しているようで安心しました」「個々の生徒を会話しながら、正解・不正解に関わらず、先生が同じ態度で教えていただき感謝」という声がある一方、「教室全体にざわざわして緊張感がない印象がありました。ちゃんと聞いていれば、楽しくわかる授業なのに。残念…」「生徒の忘れ物、多い！」「先生と生徒のコミュニケーション、もっととれるのでは？」など率直な意見が。

教員：「生徒も緊張するので、たまにはいい」「内側に向かいがちな学校現場で、他教科の教員も含め、他者の目があることはいい。この数日、授業準備に精をだす教員を何人も見かけた」「保護者の参観が少ない授業であっても、自分自身は過度の緊張度をもって授業にのぞめて良かった」「他教科の授業をみる機会は日ごろあまりないので、いろいろな教科の授業が見れて有意義だった」など。

生徒：「楽しく、わかる授業に接した時がうれしい」、「昨年までの苦手教科が、教えてもらって好きな教科になったことがうれしい」「テストや検定の勉強で苦労した分が、点数や合格でかえってきた時がうれしい」など。

円状になって意見交流をする第１分科会

その集計は教務部（教員）、終日の受付は親たちのＰＴＡ常任委員がおこない、信頼関係も生まれました。

●生徒・保護者・教員・市民の４者で考える

３つの分科会

さてフォーラム当日です。地域懇から出された親の意見・疑問に学校が答えた「全体会」につづき、３つの「分科会」にわかれました。立場をこえての、「学びの交流」の場です。

第１分科会では、「未成年の主張」をテーマに、多くの生徒が参加し、「生徒事前アンケート」が生徒会副会長から報告され、卒業生も２名がミニ講演。高校生活、授業について話し合われました。そもそも、この第１分科会は、この３年間「十八歳選挙権」「主権者とは」「大人とは」を継続して話しあい、16年度は「スマホ学校持ち込みの是非」（後日条件付きで実現）、17年度は「授業」が論点でした。

第２分科会では、16年度は卒業生で成功した柔道部の先輩（藤井〔旧姓中野〕裕子：イギリス・ブラジル女子ナショナルチームコーチ）ほかをお呼びし、運動部員が中心になって聞き、その様子はＢＳ－ＮＨＫのテレビで放映されました。

17年度は、それを受けて「進路を自ら切り拓く～挫折と成功～」をテーマに、挫折体験からいかに自分を立て直し、進路選択で成功したかを２人の卒業生が報告をしてくれました。それにもとづいて生徒と質疑応答。保護者、卒業生保護者、教員、コメンテーターがそれを見守り、アドバイスする会となりました。

第３分科会で発言する市民＝卒業生〔写真家・庄司巧さん＝同朋高校放送部OB〕

第３分科会では、「全クラス公開授業を終えての意見交流会」。当日は、英語科のＩ先生の公開授業風景映像と、国語科のＫ先生の「ラップで古典授業」（16年12月に中京テレビ・日本テレビ系の夕方報道ニュースの特集番組で放映されたもの）を見ながら、実際に授業をうけた生徒たちが感想を出しあい、そののち

フロア発言するN元生徒会長

９つの分散会で「授業のあり方・進め方」についてフリー・トーキングしました。

まとめの全体会では、３つの分科会の様子を保護者代表がそれぞれ報告。そして、各分科会参加のコメンテーター全員からのコメントが大変好評（次に紹介）でした。その後、フリー・トーキングで何人かの高校生が感想を言っていました。その中に、あの生徒会長だったＮさんもいました。

1 松田正久先生　若者の力というのは、まずはものを変えたいという力。社会は進歩しますしね、変革をしていかないといけない。どのような教育をすればいいのかということを先生方、生徒、保護者の方と一体となって考えていただきたい。「教育は共に育む」、この精神を忘れないよう、皆さん方が一体となって着実に進めていただきたい。

2 別所 興先生　第３分科会のＫ先生の古典の授業、Ｉ先生の〝90％イングリッシュ指定〟という新しい試み、新鮮な感じでした。生徒が自ら動いて、一種の「やった」という達成感、それは〝生きる力〟になって未来社会を築いていくんじゃないかなと感じました。

3 前田定孝先生　上からあらかじめ決められた答えに向かっていくのが正しい答え、そういう風潮が大学のほうで多いですね。法とは何かという場合、正しい答えを国家が、これを守れと言うのではなく、正しい答えを国民主権の立場で探していく。「本当のルールとは何か」、それを原点に立ち戻って、生徒たちが議論しているんじゃないかと思いながら聴いていました。

4 石井拓児先生　「それがルールなのだから当たり前なんだ」と思ってしまうことについて、もう一度考えたいと思います。第１分科会では、生徒が「答えが欲しいのではなくて、考えるヒントが欲しい」と発言していました。これが大事なポイントだと思います。この学校には、そう発言することのできる高校3年生の生徒がいる。ここにいる1年生、2年生の皆さんも、ぜひここで先輩とともに学び、成長していってほしいと思います。

5 榊原博美先生 第1分科会に参加して思ったのは〝当たり前〟という言葉も、広い立場から見たら疑う余地が非常に多いということ。日本の常識は、海外から見たらそうではないということです。今日の分科会は、生徒会主体でいろいろなことをされていて、先生にも意見を言うとか、先生もこうじゃないと言える。本当の意味で生徒会を「生徒自治会」にしていく。それが垣間《かいま》見えた気がしました。

6 小林亮介先生 大学に入ってくる入学生は「これが当たり前だ」という横並びの教育の影響が徹底してきていて、その傾向は年々強くなっています。出過ぎたことを言わないようにするという配慮が先にたってしまって思ったことを素直に言えない。第2分科会で、ある卒業生の「みんな違って、みんなおかしい」に「当たり前」の基準などなく、ある意味みんなちょっと変ではないかという視点を持って考えなければ本当の教育はできないのではないか、と改めて感じました。

7 大橋基博先生 私たちに〝当たり前を〟求めるのなら先生方も〝当たり前〟のことをやれと言った。これを言えるというのは生徒が先生を信頼しているから。先生と生徒との間に信頼関係がある。保護者の方もこういう場があることは、「〝当たり前〟はない」ということを知った上で、保護者として学校を充分に楽しんでいただきたいなというのが私の感想です。

8　下山久之先生　第2分科会で、「周りの人から支えられて、そういった人たちの力・助けを得て、確かな自分を作りあげていく。そして、自分自身の夢を大切にしつづける」ことの大切さを知りました。ぜひ、高校生のみなさんが本当にしたいこと、夢を大切にしつづけてください。

9　鶴田禎人先生　感銘を受けたのは、この〝場〟があるということ。先生と学生と親御さんが、一堂に会して何かを考える。そして、作り上げていくという空間は、本当にかけがえのないもの、この空間はぜひ継続してやっていただきたい。第3分科会で、生徒がどういう授業を求めているのか、いろんな形で話してもらって、いい勉強させていただきました。

10　川井敏生先生　第2分科会でですね、高校生の皆さんがすごい人生をかけて悩まれて、保護者の方と一緒に考えて、進路を決めた時の充実……。受け入れる立場として、提示する者の役割と果たしていかないといけないなと思わせていただき、ありがとうございました。

このような、和気藹々《わきあいあい》の雰囲気の中で、「学ぶ」「討論する」が楽しいという安心。それはとても大事なことで、そのなかで新しい知恵が浮かび、学習意欲や労働意欲も高まり、仕事の〝やりがい〟が見えてくるではないでしょうか。そして、そういう安心を知っていればこそ、経営者や先輩からの攻撃があった場合、労働者仲間で「相談しあう」（討論しあう）ことを可能にし、「過労死」「過労自殺」を防ぐのではないかと思います。「過労死」「過労自殺」を防ぐには、経営者側の努力や、行政や社会全体の改善、法整備も大事な要素ですが、労働者どうしがお互いを守りあうこと、安心を築きあうことを就労前の学校教育のなかで教えることも、とても大事なことと思えてなりません。

これは、私が指導している放送部の活動でも同じで、取材や撮影、編集の技術を磨くのと同じくらいに、制作班ごとの「制作会議」（週1〜2回）や全体のミーティング（週1回）は、参加者が『学ぶ』『討論する』のが楽しい」となっているときは、そしてその場が安心できるときは、活動として成功でいい作品が生まれます。

その意味でも、作品「過労自殺」がうまれたのは、「オープン・フォーラム」というアットホーム的な学びの場のしかけからあったからといえます。

ちなみに、愛知県の私立中学高校では、「私学をよくする父母懇談会」「愛知県高校生フェスティバル実行委員会」などの助けをうけて、年1回7月に3日間の夢の学校「愛知サマーセミナー」（www.samasemi.net）が開かれます。誰もが先生、誰もが生徒になれるというユニークな企画で、最近は約2000講座、のべ4万人が参加します。そのような〝自由な楽しい学び〟が学校の枠をこえて、年1回あることも、「同朋高校オープン・フォーラム」を成功させていると考えています。卒業してしまえば、

●2017年度コメンテーター（助言者）

松田　正久先生（同朋学園学監・元愛知教育大学学長／物理学・今回のコメンテーター座長）
別所　興一先生（元愛知大学教授／歴史学・歴史教育）
前田　定孝先生（三重大学准教授／行政法学）
石井　拓児先生（名古屋大学大学院准教授／教育学）
榊原　博美先生（愛知学院大学准教授／教育学）
小林　亮介先生（名古屋造形大学学長／造形芸術）
大橋　基博先生（名古屋造形大学教授／教育学）
下山　久之先生（同朋大学教授／社会福祉学）
鶴田　禎人先生（同朋大学准教授／経済学）
川井　敏生先生（名古屋音楽大学特任講師／音響）

※　肩書は当時

日ごろは学校には入りにくいもの…、この愛知サマーセミナーなら、誰でも〝楽しい学び〟を享受できます。一度、足を運んでください。「学ぶ」「討論する」のが〝楽しい〟ということを知った高校生が労働者になり、お互いを高めあい、よりよい職場をつくることを願ってやみません。

10　日本と欧米の労働の違い
高校生向け「大人になるとは」石井講演より

講師　石井拓児
文章おこし　宮城道良
協力　同朋高校放送部

はじめに

18歳選挙権をめぐって、保護者・生徒・教員・市民（卒業生・卒業生父母・大学研究者・他校教員・一般市民）が「大人になるとは」と題して話し合った「同朋高校オープン・フォーラム2015」第1分科会。先生たちになかなか意見を出せない生徒会メンバー（執行部）。翌2016年に生徒会長になったNさん（高校2年生・女性）は、「事前に知恵をつけてほしい」と主催者実行委員会（フォーラム事務局長は宮城＝当時＝）に要望。そこで生まれた生徒事前学習会2つ。その1つが、石井ミニ講演「大人になるとは」だったのです（2016年10月21日放課後に実施）。そこで石井先生が話したことに、集まった生徒ら（生徒会執行部メンバー・各学年クラス正副委員長ら・希望者ら・取材として放送部員が参加、80名）は話が進むほどに目を輝かせ、熱心にメモを取り出したのです。

終わって質問タイム。誰も手を挙げないだろうと思っていたら、いきなり13人が挙手。数名が聞くが時間切れ。質問したい人は感想文用紙に質問事項を記入。それをもって12月25日、生徒代表の５人が石井研究室を訪問しました（表紙写真）。その後、過労自殺被災者遺族の証言学習会をへて、３年をかけて、放送部生徒たちはラジオ・ドキュメンタリー作品、さらに映像ドキュメンタリー作品としてまとめてくれました。

2016フォーラム事前学習会
メモをとる熱心な生徒参加者

ここでは、そういった一連の動きのきっかけとなった「石井ミニ講演」を、高校生の放送部員による記録映像・音声をもとに、作品制作のために文章化したものを今回、宮城が点検しながら、次に載せさせていただきました。

石井ミニ講演「大人になるとは」全文

２０１６年10月21日実施

A　管理する教育ではなく励ましの教育を

石井拓児と申します。初めまして。

私は、教育学の研究者です。仕事の都合上、いろいろなところで学校の先生や校長先生、教育行政の方々のお話をうかがう機会がたくさんあります。そのなかでも、教育者としてもっとも尊敬し、信頼している方のおひとりに、北海道の稚内《わっかない》市で校長をされていた横山幸一先生という方がいらっしゃいます。まず、最初に横山先生についてお話します。

１９８５年ごろ、ちょうど私が中学生のころです。全国的に校内暴力が多発しました。「学校の荒れ」と言われ、どこの学校現場もたいへんな事態となっていました。私の中学校も例外ではありませんでした。窓ガラスを割ったり授業中に爆竹が鳴ったりしました。対教師暴力もありました。だんだん先生たちは指導できなくなりました。「金八先生」は、校内暴力で学校が荒れてしまうなか、多くの教師が指導を投げ出そうとしますが、最後まで子どもに寄りそおうとする教師のドラマです。「スクール・ウォーズ」というドラマもそうです。高校を舞台に、落ちこぼれた子どもたちが、ラグビーを通じてもういちど前を向いて生きる希望を見出していきます。

尾崎豊を知ってますか？ 聞いたことない方は、ぜひ You Tube で「尾崎豊」で検索してみてください。尾崎さんは、残念ながらすでに亡くなられていますが、1980年代の前半にミュージシャンとしてデビューしています。尾崎さんは中学生や高校生や若者の気持ちをストレートな歌詞にのせて歌い、一躍トップスターとなりました。

彼の楽曲のなかに、「卒業」という歌があります。この歌のサビは、次のようになっています。

♪行儀よくまじめなんて
くそくらえと思った
夜の校舎　窓ガラス壊してまわった
逆らい続け　あがき続けた
早く自由になりたかった

このあと尾崎さんは、「先生」や「大人」を信じることのできない人たちだと言い、「卒業」するということは、「先生からの支配」から解放されることだと理解しつつ、「卒業」した後も、支配・管理される社会がまっていると悟ります。だから彼は最後にこう歌います。

♪俺たちの怒りどこへ向かうべきなのか
これからは何が俺を縛り付けるだろう

あと何度　自分自身卒業すれば
本当の自分にたどりつけるだろう
Oh…

JASRAC出 2102159-101

この曲はヒットチャートの1位を記録します。このことは、この曲が、多くの若者たちの心情にぴったりと当てはまるものだったことを意味しているように思います。子どもを「管理」「支配」するような学校教育のあり方が、全国的に広がっていたと考えることができます。教育学ではこれを「管理主義教育」と呼びます。

制服や髪型をこと細かく指定したり、校則で「きまり」をたくさん定めたりする。「してはいけないこと」をたくさんつくります。校則づくめの「管理教育」が広がったのです。校内暴力の多発は、そうした生きづらさをかかえた中学生や高校生たちの反発だったのかもしれませんね。

しかし、管理主義教育はいっそう厳しさを増しながら広がりました。その結果、校内暴力の発生件数は下がりましたが、その頃から「いじめ」や「登校拒否」が多発するようになりました。先生が厳しく管理しますが、先生に逆らってもどうしようもない、歯向かえない。不満がどんどんたまっている。たまっていくとそれが子ども同士の間で爆発してしまうんですね。こうして子ども同士の人間関係が壊れてしまうということが起きてしまったように思います。

お話を聞くと、1985年に横山幸一先生が赴任《ふにん》することになった稚内南中学校も、当時は荒れて荒れてどうしようもない学校でした。「殺人以外はなんでもある」と評判だったそうです。最初は横山先生も赴任を断ったと言います。おっかないと思ったのではないでしょうか。ところが教育委員会から何度もお願いされて、最後に引き受けることになるわけです。

それで、横山先生が校長を引き受けて、最初に職員会議で何をやるのかというと、アンケートをやります。子どもたちにアンケートをとって先生たちにもアンケートをとります。「いじめ」に関するアンケートです。

このアンケートがとってもおもしろいんです。例えば、「『使いっぱしり』にされたことがありますか?」「仲間外れにされたことありますか?」といった質問項目があります。つづいてそのアンケートは、「それはいじめだと思いますか?」っていうのをセットで聞きます。

そうすると、子どもたちと先生たちの間で、「いじめ」の考え方がぜんぜんちがっていることがわかってきたんです。

子どもたちのアンケートではほんのささいなことも、「いじめ」だと感じている。とても傷ついているんですね。ところが先生たちにアンケートをとると先生たちは「使いっぱしり」はいじめじゃない、とみている。傷ついている子どもたちの気持ちに、先生たちが気づいてくれていない。ここに先生たちと子どもたちの間で大きな距離があることが分かってきた。

それで、子どもたちの暴力の背景にはいじめがあるんだ、だからいじめをちゃんと解決しなきゃいけないんだ、ということが稚内南中学校の先生たち共通の目標になります。「いじめをなくす学校」というのを順番につくっていき、わずか1年で校内暴力を完全になくしています。

これが後に「奇跡の学校再生」と呼ばれる取り組みだったんです。私がこの実践がとても素晴らしいと感じるのは、校内暴力があれば、校内暴力をおこしている生徒を排除したり、場合によっては卒業してしまうのを待っていたりするケースが、全国的には少なくありません。そして、それ以外の生徒たちを、がんじがらめで縛り付けておけば、一見すると校内暴力はおさまったようにみえる場合もあります。

だけど、この実践では、どの子どもも見捨てられていないし、どの子どもも大切にされています。私は、当時、横山校長先生のもとで国語の教師として勤務していた坪内先生にお聞きしたことがあります。

横山先生は、若手の教員だった坪内先生に、こんなお話をされたことがあるそうです。横山先生は、左胸の前で両手でハートのマークをつくりながら、「どんな子どもにもハートがある。このハートのなかには、わるい心とよい心が入っている。だから、このハートにストローをさして、よい心をチューチューと入れてあげるんだよ。そうしたら、どんな子どもでもよい子になる。優しさをいっぱいにしてあげるんだ」。私はこのエピソードを聞きながら、とてもあったかい気持ちになりました。

横山先生の教育論に、「『教育』とは、子どもが大人になるための大人からの激励だ」というものがあります。どんなことでも子どもを励まして励まして励ましぬいて、「よい大人になってほしい」というメッセージを大人や教師からもっともっと子どもたちに伝えよう、この教育論は、管理主義教育とは対極にあると感じますし、いまの時代にもとても重要なものだと思います。

「勉強しろ、勉強しろ」じゃなくて「がんばったね、がんばってるね」「でも少し休んだら?」「よく仲間を大切にできたね」と、励ましてあげられているだろうか。多くの大人がこのことをふりかえる必要があると思います。

今日、私は高校生の皆さんにお話するにあたり、皆さんが少しでも励まされたな、良かったなって思えってもらえるようなお話をしたいと思います。難しいかもしれませんが最後までお話を聞いてくれたらなと思います。

B　想像し創造する権利「学習権」とは何か

最初に少し、教育科学は「人間の発達と成長」をどう考えているのかというお話をしておきたいと思います。

ユネスコの「学習権宣言」というものがあります。高校生の皆さんでも読めると思います。日本語で読んだ後、もし関心があれば英語でも読んでみると素敵な言葉が入ってきて、しかもその素敵な言葉が英語で喋れるようになるかもしれません。チャレンジしてみてください。

「学習権宣言」は、冒頭で、「学習権」とは「読み書きの権利」だと言います。ここからがポイントです。読み書きができるようになって人間は初めて「問い続ける」ことができ、「深く考える」ことができる。当たり前ですよね。言葉がなかったら、私たちは何も考えることができなくなるからです。言葉をつかみ、概念をつかみ、深く問いかけたり、悩んだり、考えたりすることができる。

それから「想像し創造する権利」と続きます。イマジネーションがふくらんでくる。それからそのイマジネーションを現実のものにする。そして、「自分自身の世界を読み取り歴史を綴《つづ》る権利」ともいいます。これ、どう理解しますか。私が高校の先生だったら、この部分に線を引きますね。「自分自身の世界を読み取る」とはどういう意味か答えなさい、みたいに(笑)。

みなさんは、自分自身が生きている社会や世界がどうなっているか、どんな仕組みになっているかを知らなければなりません。だって、そうじゃないと、どうやったらその世界を生きていくことができるか不安になるからです。

どこか目的地に行こうとしたら、どの道がどんな状況になっているのか、危険はないか、いっしょに行く友だちがいるか、途中迷ってしまったらどうすればいいか、誰だってあらかじめ「学ぶ」「知る」ことが大事ですよね。私は生きるということも、全く同じことだと思います。

私たちの未来だって同じです。私たちが、「学ぶ」ことを通じていま生きている社会がどうなっているかを確かめ、そのことによってはじめてこの社会をこれからどうすればよいかがわかってくる。

この社会をどうすればよいか、どんな社会にしたいか、そのみんなの思いが「未来」をつくり、それが「歴史」になっていきます。どうでしょうか、みなさん、私たちといっしょに「歴史を綴る人」になりましょう。これが私たち大人からの激励です。

さきほどの生徒会のご報告のなかに、シルバーデモクラシーのお話がありました。投票率の高いところをターゲットにして政治家の人は政策を作っているというお話でした。若者が投票にいって若者の投票率が上がれば、きっと政治家は「若者に向けた政治」をやるはずだということです。

けれども、生徒会の実施したアンケートでは、「だれに投票しても変わらない」と書く人もいるという話でした。このことを少しみんなで考えてみましょう。

いま、アメリカでも選挙をやっています。大統領選挙です。民主党のヒラリーさんと共和党のトランプさんが争っています。

だけどこの2人ともじつは不人気です。全然人気がない。実は、今アメリカの若者のあいだで大人気になっている、バーニー・サンダースという人がいます。今日は皆さんの前でお話しするというので、真面目な格好をしていますが、じつはお気に入りの「サンダースTシャツ」を持ってます。8月にアメリカに行ったときに買ってきました（笑）。若者にすごい人気なんですね。

結局は途中で負けてしまいましたが、民主党でも共和党でもない、独立政党の出身者が大統領になるかもしれない、その一歩手前までふたりの候補者を追いつめたのは確かです。

投票に行っても何も変わらない、というはその通りかもしれません。でも、投票に行かなかったら何も変化が生まれないけれど、投票にいけば変わる可能性がある。わずかかもしれないけれど、可能性がある。

このことが、私たちが学んでいる歴史の授業でも、いちばん大事なエッセンスなのではないでしょうか。

●「学ぶことによってボクらは初めて世界を変えることができる」

世界を変えるためには、「ひとり」ではできません。だから「学習権宣言」は、「個人として、あるいは、集団としての力量を発揮させる権利」だ、って言っています。集団としての力量がなければ、政治なんて絶対変わらない。一人で考えても変わらない。みんなで大きなパワーにするっていうことが必要です。その力量を身につけるには、やっぱり学習が必要なんだっていうことが書いてあります。

そして、「学習活動はあらゆる教育活動の中心に位置づけられ、人々を、なりゆきまかせの客体から、自らの歴史をつくる主体にかえていく」と言っています。私たちは、「学ぶ」ことを通じて、社会の主人公（主体）になっていきます。

人間は、学べば学ぶほど主体になる。誰かに命令されたことだけやる客体ではなくなっていきます。遺伝子の流れにゆらゆら揺れるような客体でもありません。自分で自分のあり方を、決めることができるくらいの主体性をもっているんです。

こういった「主体性」を身につけるのが学習なんだということを、世界みんなで確認したのが「学習権宣言」です。私たちの小学校・中学校・高校、あるいは大学もふくめ、主体性を育《はぐく》むような教育ができているでしょうか。命令ばかり、管理してばかりという教育になっていませんか。同朋高校は大丈夫ですか（笑）。「学習権宣言」のラストは、「人類の将来がどうなるか、それはだれが決めるのか」という疑問文になっています。この疑問文は、私たちに挑戦的に問うてきています。疑問文なんだけど、この疑問文には答えが用意されている。反語文ですね。

人類の未来は誰が決めるのですか？

そう、私たちです。人類の未来は誰が決めるか分からないと言ってるわけじゃない。学ぶことを通じて人間になり、大人になり、主体になって、政治とはなにか、社会とは何か、地球全体のあり方はどうあるべきかを考えて、私たちが私たち自身の未来を決めると言ってるんですよね。そのためにすべての人に学ぶ権利がある、それを保障すると言ってるわけです。

私はこの「学習権宣言」が大好きです。この宣言は、1985年に作られました。私は1992年に名古屋大学教育学部に入学しましたので、最初に学んだり、考察しろと言われたのが「学習権宣言」でした。大学で「学習とは何か」って、問われたわけですね。その時に「あぁ、僕たちが受けてきた教育や受験勉強っていうのは、本当の学習じゃなかったんだ」ってすごく思いました。そこから疑問を持ちながら、いまの自分の研究につながっていったように思います。

もうひとつの話題に入る前に、紹介したい本があります。

吉野源三郎さんの『君たちはどう生きるか』という本があります。この本は、戦時中に書かれています。戦時中に書かれてるんだけど、今でもぜんぜん面白いです。大人になってからも自分は繰り返し読んでいます。本当は小学生向けの本なんですけどね（汗）。高校生でもきっと面白いと思います。価格もお手頃なのでぜひ読んでみて下さい。

この本の人物にコペル君という小学6年生の男の子が出てきます。ある日コペル君が友達を裏切ってしまってつらい思いをします。つらくて、悲しくて学校を休んでしまいます。その時、コペル君のおじさんから手紙が届きます。その手紙でおじさんは、コペル君に、人間がつらいとか、悲しいとか、苦しいと思うのはいったいどうしてなんだろうか、って考えさせるんですね。そうして、こう説明します。

それは、心が「痛み」を感じてるっていうことなんだと言います。私たち人間の体も「痛み」を感じます。

でも痛くなかったらほっといてしまう。だから、「痛い」っていうのはとっても大切なんです。

その痛みが、僕たちに僕たちの体が「正常じゃないよ」と教えてくれる。同じように、心が「痛い」、つらい、きつい、寂しい、悲しい、というのは、今の自分が「正常じゃないよ」って教えてくれてるんだ、というわけです。だからその苦しみや悲しみのおかげで、立ち直ることができるんだよ、と。

この本との出会いのおかげで、この本のおかげで、何とか生きてこられたという感覚が私にはあります。小学生の時から何回も読んでいるんですけど、もっともっと大人になってから、仲間との関係やいろんな人たちとうまくいかなくってとても苦しかったことも体験するなかで、この本の意味がやっとわかることができたという経験です。

救われた、という気持ちです。仲間とのもめごとはとてもつらいことでしたが、そのことを「悲しい」と感じることのできる自分は、「まだあなたは正しい気持ちで生きているんだよ」って言われたような気がしました。みなさんも、

1冊の本、1つの曲、1篇の詩、何でもいいのですが、救いとなる何かに出会えるといいなと思います。

さきほど言いましたが、この本は戦時中に書かれています。そう考えるとこの本のメッセージってじつはすごい。この本は、お友だちを裏切ってしまったコペル君が、「悲しくてつらい」気持ちに向き合いながら、友だちとけんかすることは、人間として正常な状態じゃないことに気づき、自分の力で立ち直っていく姿を描いています。

作者がそこにこめていたのは、国どうしのけんか、つまり戦争はイヤだという願いだったのではないでしょうか。「人を殺したくない、戦争は嫌だ。それは、とっても悲しいことだ」、人間はみんな、本当はそう思っているし、平和を願っているというメッセージのように私には感じます。ぜひそんなことも想像しながら読んでもらえるとうれしいと思います。

●人間の尊厳を奪う過労死について

つらいこととか悲しいこと、苦しいことが「正常じゃない状態」を引き起こしているというお話をしました。ここで皆さん一緒に考えてほしいのは「過労死」の問題です。すでに宮城先生の授業で新聞記事の資料を見てくれていると思います。

この記事の中に、この過労死の裁判で、過労自殺した高橋まつりさん側の代理人を務めている川人博弁護士という方の名前があります。過労死裁判を長く担当されているこの分野の第一人者の方です。

じつは私が大学に入った1992年に名古屋大学法学部の先輩に誘われて、川人博さんの講演を聞きに行ったことがあります。その講演で、日本の「過労死」の問題は残酷だというだけじゃなく、これは何か社会の「からくり」のようなものがある、という感覚を最初に教えてもらったきっかけとなったような気がします。

川人先生、たくさん本を書かれていますので、お話を聞く機会がなくても本が読めるはずですので、ぜひ同朋高校の図書館で読んでみてください。もしも高校の図書館になければ入れてもらってくださいね。あるいは他の図書館に行けば必ず見つかると思うのでぜひ読んでみてください。購入してもいいと思います。お安くお求めできると思います。

彼の本を読んでほしいっていうのもあるんですけど、僕にとっては、1992年ごろからずっとこの過労死の問題は1つのテーマでした。

それで、皆さんに紹介するんですけど過労死って、実は「国際共通語」なんですね。国際共通語になっている他の日本語ってわかりますか。「寿司（SUSHI）」がそうですよね。他にも、「もったいない（MOTTAINAI）」とか「津波（TSUNAMI）」があります。なぜこれらの日本語が、そのまま国際共通語になるのでしょうか。

こうした日本の言葉は、海外の言葉に翻訳できないということですね。つまり、海外に同じようなものがない、日本に固有なものや現象ということになる。

つまり、他の国に「過労死」は存在しないのです。世界に行けば、What is Karoshi? と聞かれるわけです。「過労死っていう言葉を世界の人に説明してください」と聞かれれば、みなさんはどう答えるでしょうか。

普通、働くということは、「生きるため」です。お金をかせいで、生活していくために私たちは働きます。なのに、働いて死んでしまう。とてもおかしいことだと気づくでしょうか。すごいことに、働きすぎると、人間の体は生命を維持する装置を「ぷつん」と止めてしまうのです。

人間は仕事をすると疲れます。疲れが出る

と、「休みたいな」という休息願望が出てきます。通常は、土曜日か日曜日に身体を休め、回復して月曜日からがんばろう、となります。

ところが、土曜日も、日曜日も、働きつづけたり、亡くなられた高橋さんの場合は月100時間以上もの残業があったことがわかっていますが、この場合は土日もなく、平日もずいぶんとたくさんの残業をしています。

休みなく、こうやって働きつづけると人間の体はへばってしまう。朝起きても起き上がれないとか、どこか体が痛いとかだるいとか、もうこの体は「正常じゃない」という状態になってきているということを、教えてくれるわけです。

このへばっているという体の状態でさらに働き続けていると、どうなってしまうか。体は生命を維持する機能を突然止めてしまうんです。心不全といって、急に心臓が動かなくなります。くも膜下出血、脳梗塞《のうこうそく》など、血圧が高くなって血管が破裂してしまう場合があります。これが過労死です。

高橋まつりさんの場合は「うつ病」ですが、これも心がその機能を止めてしまったということです。そのことによって自殺をしてしまいました。つらいことや悲しいことや苦しいことは、本当は僕たちにその状態ではいけないと教えてくれるはずなのに、そのことのおかげで僕たちはそれを正常な状態に戻すことができるはずなのに、そうはならなかった。

こんなことがなぜ起こるのか、なぜ、日本だけでこのようなことが起こりつづけているのかを、本気で考えなくてはなりません。

●世界に目を向け日本を見つめなおす

なぜ日本にだけ過労死が起きているのか。自分たちの社会を読み解いて、歴史をつづるために、今日本という社会はどんなおかしさを生んでいるのかということを考える、そんなきっかけを作ってほしいと思います。

私たちは、「自由」に生きているだろうか。

「自由な社会に生きてる」というのは、本当はウソだと思います。全然自由なんかじゃないぞって。

たとえば、「勉強するのは今でしょ」っていう言葉がはやりましたね。今は遊びたいって思っているのに勉強しなきゃならないなんて、自由じゃないよね。高校生は勉強するのが当たり前って、本当でしょうか。

高校生の出口で人生を左右するような「受験」がひかえていて、だから高校生は勉強しなくてはならない、と考えるのは、日本に独特なシステムです。

よく言われますが、世界では大学生になると一生懸命勉強するようになるのが普通ですが、日本の場合、高校生は懸命に勉強して（させられて）、大学生になるとあまり勉強しなくなる。日本で「常識」でも、海外では決して常識なんかじゃない。これも過労死社会の問題とじつはつながっている問題です。

同朋高校には宿題がいっぱいありますか。先生方、宿題はやめませんか（笑）。学力世界一で有名になったフィンランドという国では、宿題をやめています。

フィンランドでは、子どもたちには遊ぶ権利があると考えます。遊びのなかで、子どもたちはたくさんのものを発見するからです。宿題をたくさん出してしまうと、子どもたちの遊ぶ権利を奪ってしまう。

私にも小学４年生の息子がいます。宿題の量が本当に多くてびっくりします。泣きながらやってますよ。あまりに忍びなくって「もう宿題やめたら?」って言いました。「そんなことしたら先生に叱られちゃう」って泣いてました。あまりにも不憫《ふびん》だったので連絡帳に「宿題が多すぎるのではないですか」と書いたこともあります。

小学校4年生の息子は、放課後家に帰ったあと、夕方まで遊んで帰ってきます。6時ごろです。それからご飯を食べて、7時ごろになってからお風呂に入ります。7時半になってから30分だけテレビが観たい。「妖怪ウオッチ」が見たいんです。8時までねって、とりあえず30分だけねって言って。

テレビを観終わって、それから宿題をはじめたら1時間ぐらいかかるわけですね。国語の漢字の練習です。

写真をもってくればよかったですね。もう毎日毎日宿題1ページ漢字です。それと算数のドリルが1ページジこれも毎日毎日でます。

私は子どもには、かならず9時には寝てほしいと思っています。子どもには睡眠時間が絶対大事だからです。受験生のみなさんにも睡眠時間を大事にしてほしいですね。寝ることによって頭のなかの情報が整理されます。必要のない記憶も整理して消すと言われています。寝て起きたら、頭がすっきりします。だから、勉強も寝たほうが効率は上がります。休憩も同じです。何もしない時間で、頭の中が整理されていくのです。

バランスのとれた食事をとって、休憩して寝ることによって、体も大きくなりますよね。健康な体をつくってほしいなって思うので、ちゃんと寝てほしいわけです。

だけど、宿題をしていたら、彼の「自由」な時間はそこで終わりなんですよね。

今、小学校4年生で彼は、歴史の大河ドラマを初めて観るようになりました。真田幸村が主人公の『真田丸』です。おそらく歴史がちょっとずつ見えてきている時期なんですよね、なので私は『日本の歴史』というマンガ本も、古本で全巻そろえました（笑）。

そうすると、戦国武将のところが楽しいんですよね。一生懸命読んでいます。すると前の巻とか後ろの巻とかも、だんだん読むようになっていく。歴史がわかり始めていく。

私は、毎日「宿題やって終わり」ではなくて、できれば本やマンガを読んでほしい。大河ドラマを見て、一緒にいろいろと話をしてみる。真田幸村と石田三成が、どういういきさつで仲がよかったのか、ドラマのワンシーンから分析してみるというのは、とてもいい勉強になると私は思います。

勉強になる、っていうだけのせこい話じゃなくて、歴史オタクのひとりとして、自分の息子と歴史の話がしたい。だけど、「宿題」というものが、親子のそんな大切な時間を奪っているわけです。

ですので、ヨーロッパでは、宿題を出すことは「親の教育権」を侵害していると考えます。だから、学校が勝手に宿題を出すことを法律で禁じています。

日本では、学校でも勉強をし、家庭にもどってからも宿題を押しつけられる。日本の働く人々が、職場だけでなく、自宅でもずっと仕事をさせられているということと、もしかすると似ているかもしれません。

この日本の不思議さとはいったい何なのだろうか。みなさんへの問題提起です。

お金がないと生きていけないのは当たり前だと思いますか。高校や大学に行くのは稼ぎの良い仕事を見つけるためだと思いますか。海外ではどうでしょうか。

ね、ちょっと考えてみたいですよね。私立高校の授業料や大学の授業料が高いのは仕方ないと思いますか。世界中のほとんどの大学の授業料は無償です。私立高校や私立大学の授業料だって「ただ」です。授業料の高い国は、アメリカや日本など一部です。とっても不思議です。実はここに「過労死」の秘密があるのです。

C　日欧米の違い
世界にはいろんな国がある

西欧、北欧の福祉国家、これをwelfare stateといいます。「福祉国家」と訳します。福祉国家では、住居・教育（子育て）・医療・老後（介護・年金）を社会保障でまかなう、社会全体ですべてのひとの生きる権利を保障します。お金を稼がなくても、最低限の生活が保障されるのです。

たとえばみなさんが、高校を卒業して一人暮らしをします。愛知県内でアパートを借りて住むとして５万円くらいの家賃が必要だったとして、卒業をしてもすぐにはお金を稼ぐことはできません。

その場合、アパートの家賃は国や自治体が出しますよ、あるいはあなたが住む場所は無償で提供しますよ、という仕組みです。これが「社会保障」というものです。

ところが日本は、ヨーロッパの福祉国家と比較すると、社会保障制度が十分には発達してきていません。

西欧あるいは北欧の国々では、教育も保育もすべて保障します。大学まで誰でも無料で、誰でも通えるようにしています。日本の保育園は

北米・北欧・西欧の特徴（石井板書）

公立であっても非常に高いですね。私もふたり子育てやりましたけど0～3歳までは7万円くらいかかります。ふたり目は半額になりますが、半額でも3万5千円ですから二人だと10万円を超えてします。うちの奥さんの手取りの給料とほとんど変わりません。「働く意味があるのか」と思うくらいです。ヨーロッパでそんな国はまずあり得ません。

大学の授業料でいうと、米国は高いですが、返済の必要がない「給付型の奨学金」が整《ととの》っています。日本では、高い授業料を支払いながら、「貸与型の奨学金」で生活します。この奨学金は、卒業後に重たい「借金（ローン）」となってしまいます。

ヨーロッパの大学は、授業料は無償です。そのうえに奨学金制度が整っていたり、そのほかに生活に必要なお金（住居費など）が給付されたり、交通費が免除されたりもします。だから、高いお金をかせがなくても、誰でも基本的には生活していくことができるのです。

世界の大学生と異なり、日本の大学生は「自立」して生きていくことができません。多くの場合は、親の援助を受けて生活します。自分の力だけで、大学に行くというのは、ほとんど不可能になってしまっているのではないでしょうか。

アメリカの住宅は、ニューヨークやシカゴ、ロサンゼルスなどごく一部の都市部で異常な値段になってしまっていますが、そのほかはそれほどでもないと思います。

アパートを借りようとすると、確かにそれなりの値段はしますが、日本と同じような値段でも、すべての部屋にバスルームがついていたりします。アパートには共用の部屋があって、ゲストルームとして宿泊できたり、パーティーができたりします。プールやテニスコートまである。日本はそもそも住居費が高い上に、住宅環境が非常に劣悪だと思います。

こうしたことが、教育費も住居費も交通費も、いろいろなところで起きています。あらゆる分野で社会保障が未整備で、いろいろなサービスを手に入れるためにはたくさんのお金が必要になってくる。

だから、私たちの国で、「普通の生活」をするためには、「高い給料」を獲得するしかないのです。高い給料がないと、安定した生活ができない国なのです。

逆に、社会保障が整っている福祉国家では、安い給料でも普通の生活ができるということです。安い給料でも普通の生活できる国では、一生懸命働いて残業をしてでも高い給料を獲得したいという人はそういう生き方をすればいいし、自分は高い給料は望まないが、遊びや趣味など自分の人生を楽しみたいという人もいる。そうした生き方を選択しても、「普通の暮らし」が約束されているのです。働き方は多様でいい。そのことを認めているのです。

日本の特徴　（石井板書）

多様な生き方が承認されている国では、みんながみんな大学に行く必要がありません。高い給料を得るための、高い学歴が必要にならないからです。

しかし、今の日本では、仕事の選択をするのは難しい。例えば日本は、１９５５年ごろまでは、第一次産業従事者（農業や林業や漁業）は、労働人口の50％を超えていました。ところが安定的な収入、高い収入が得られなくなると、「普通の生活」ができなくなってきましたので、多くの人は第一次産業から離れてしまったのです。

そう、自然と向き合って生きていくという生き方は、生き方として承認されなくなってしまったのです。

こうして高い給料が安定的に得られる職業を多くの子どもたちが選択するようになりました。大企業や公務員です。大企業や公務員になるために、少しでも偏差値のよい高校や大学を目指そうとするようになります。そうなると、勉強しなきゃいけない。「高3の今、勉強！

いまやらないで、いつやるの！」となってしまったわけです。

これが、過労死を生みだす日本社会の構造です。「普通の生活」を営むために、会社をやめることができないからです。どんなに身体がつらくても、どんなに会社の人間関係がこじれても、どんなにひどい上司がいても、逆らうこともできないし、会社を辞めることもできないのです
こんな社会では、生き方の多様性は全く認められていないと私は思います。

私は奈良県出身です。私の友人には林業に就いた人もいます。「どうして林業を選んだの？」と聞いたことがあります。彼は「林業、ええんや。雨降ったら、仕事休みなんや」と言っていました。自然には逆らえない。だけど、それが人間らしい生き方なのかもしれない。そんなふうに言っていたのかもしれないと思います。

生き方の多様性とは、そういうことなんじゃないでしょうか。自分らしくゆっくり人生を楽しんで生きていい。そういう生き方をしてもいいし、働かないという選択肢もあってもいい。働きたくても働けない人もたくさんいる。いろいろな理由もきっとある。でもそういう生き方も含めて、僕は承認したい。

ある政治家の言葉を思い出しませんか。「こ

の道しかない」という言葉です。このスローガンを掲げて、いま首相をやっている人（安倍晋三首相＝当時＝）の選挙のキャッチフレーズです。

だけど、この道だけじゃない。

今日、私たちは、日本でだけ起きている過労死や受験競争というものが、どういう社会の仕組みのなかで引き起こされているのかをいっしょに学びました。世界の国のあり方は、もっと多様性に満ちています。

だから、世界の多様性を知れば知るほど、学べば学ぶほど、私たちの未来には、もっともっと多様な選択肢があることが理解できるようになるのです。

D　社会は変えられる
——未来は僕らの手の中

多様性があるのだから、社会は絶対に変わります。「この道しかない」などということはあり得ません。たったひとつ、福祉国家にふさわしく社会保障を整備するだけで、この国は変わります。

誰でも安定的で普通の生活が送れる社会をつくるのかどうか、それは誰が決めるのか。——「私たち」が決めるのです。

社会保障を整備するとお金がかかる。政府はお金がないと言う。お金はあります。お金がないのではなく、一部の富裕層の手に集中してしまっていることが問題なのです。世界的に、巨大な「税逃れ」が横行しています。簡単に言うと、脱税です。非常に税金が安い国や地域があって、そこにペーパー・カンパニー、架空の会社を作ります。そこにかせいだお金を移転すれば、多額の税金逃れができるという仕組みです。

そこにちゃんと税金をかければ、税収入は上がり、社会保障を整えることができます。「お金がない」と言っている政府は、お金持ちの顔色ばかりうかがっている政府です。

トマ・ピケティという経済学者がいて、『20世紀の資本』という本を書きました。「100年前の資本主義と比べても、今のほうが経済的格差は拡がっている」と指摘しています。

格差を解消するにはどうしたらいいか。簡単です。「累進課税」を強化することです。「累進課税」というのは、豊かな人々はたくさん税金を支払って、低所得の人はできるだけ税金は低くおさえるという考え方です。大富豪から税金をとって、それを社会保障費に回すことができます。

もうひとつ、私から高校生のみなさんに伝えたいメッセージがあります。

大切な仲間が苦しんだり、悲しんだりするのを見ることは、本当はとても耐えきれないことだということです。友達が学費を払えなくて、退学しないといけないという話を聞いた時に、いっしょになってつらいなって思ってほしい。

この国のどこかで、おなじ高校3年生で、高校2年生で、高校1年生で、退学せざるを得ない子どもたちが、生徒がたくさんいる。

能力はとても高いのに大学の授業料が高くて払えない、それで進学をあきらめるという友だちがいるかもしれない。そういうことがあってはならないと考えてほしい。

福祉国家に暮らす人たちは言います。高い授業料を設定したら、授業料が払えずに進学できない人がいる。そんな人がいることは辛いことではないか、と。

私たちはどこかで、もしかすると他人の痛みを感じなくなっているかもしれません。働きすぎて、死を選択せざるをえなかった人がいることは、耐えられないくらい悲しいことのはずです。

この悲しみも、自分のことと感じることのできる力を取りもどして、その力を社会の仕組みを学び、知り、変えていく力にしてほしいと思います。そのことを最後にみなさんと確認したいと思うんです。

聞いてくださって、本当にどうもありがとうございました。

E　生徒の感想と石井さんの助言

生徒会長のNさん（当時高校2年生・女子）「生徒会長のNです。お話とても心に響きました。今の高校生ってどういう印象かっていうのを教えていただきたいです。私立と公立の2つの学校があると思うんですけど、受験で入った学校だけど、学費の関係でやめなきゃいけないとか、まぁ愛知県だと、愛知県の3人に1人が私立高校に通わないといけないと思うんですけど、自分の意志で進学を希望して学びたいと思っても学費の影響で私立に行けないって人とか、公立落ちてでも学びたいから私立に行って、でも学費が払えなかったら辞めてしまうという子がいて…。

日本は資本主義になっていますし、自己責任の社会になりつつあると思うんですけど、だからさっきお話していただいたように、外国の人も、日本の高校にも増えたらいいなって思います。そんな日本の高校生に対して、どんな印象をもちますか？」

石井　「私立学校で授業料をとる国もあるにはあるんですが、ヨーロッパはほぼ無償だと考えてください。学校教育が受けられない人がいるなんてありえないという考え方です。この国は、自分で選んで入ったんだから高いお金を払うのは当たり前だという考え方です。真逆だと思います。

日本の高校生の印象について…、難しい質問ですね。がんばってほしいというのがいちばんですが。

でも、いろんな負担を負《お》わせるのはかわいそうだとも思います。勉強も部活もたくさんしないといけないし、バイトしてる人もいます。自分の時間がちゃんとあるのかなっていう心配をしています。

日本の学校全体の問題だと思いますが、授業時間が長すぎる。国語とか、数学とか、社会とかびっしり。高校生はすごく忙しいですよね。でも忙しいからって、『私学助成金拡充の署名』などの運動もしていかないと、授業料は変わらないので、ここはがんばってほしいです。もちろん大学生たちにもがんばってほしいです。」

卒業生のKくん（19歳）「元放送部の卒業生のKです。そういう制度ができたらなと思います。思うんですが、資本主義で活躍できる人とか、政府の人とかは、そういう制度が導入されても、メリットがないんじゃないかなと思うんですがどうでしょうか？」

石井「例えば有給休暇をきちんととるとか、ドイツとかは健康診断で引っかかると温泉等で休まないといけないとかがあります。こういうのは社会全体でとりくまれています。僕が決める立場だとしたらやっぱり社員を休ませます。その方が生産性は上がると考えるからです。

日本の企業の社長さんたちがなぜこれに足を踏み入れないのかはわかりませんが、日本の企業の国際的な地位はかなり低下してきていると言われています。その原因のひとつが、日本に独特な、長時間過密労働だったり、そのことで大事な働き手が身体を壊してしまったり、過労死してしまうという問題にあることは間違いないと思います。」

生徒司会「今日は一日ありがとうございました。最後に一言お願いします。」

石井「同朋高校の生徒さんが、熱心に聞いてくれて、とてもうれしかったです。もっと知りたいなって少しでも思ってもらえたらと思います。将来、そのきっかけが『過労死問題』だった、ということであれば、素晴らしいことだと思います。

私が高校3年生の時、私は叔父を過労死で亡くしています。叔父はその時、42歳ぐらいだったと思います。私はその叔父のことが大好きでした。スポーツも得意な人でしたし、明るくて楽しい人でした。僕のことをとてもかわいがってもくれました。叔父が今も生きていればと思うだけで泣きそうになりますし…、今でも悔しくてなりません。

亡くなったのが、ちょうど私のセンター試験の直前でしたので、私は通夜にもお葬式にも出ることができませんでした。そのことは今でも後悔しています。大学入試なんて、今から考えればどうでもよかった。

だから私も、40歳になるのがずっと怖かった。正月を迎えると、我が家は家族みんなで「意気込み宣言」をするんです。毎年僕は、「がんばらない」っていう宣言をします。「あぁ、がんばらないよ、僕は」って。子どもたちはズッテーンってイスから転げ落ちますが(笑)。それくらい僕にとって、過労死問題は、人生の中でずっと影を落としていた気がします。

でも、そのことは、この問題を本気になって考えてみたいと思うテーマになった気がしますし、私の研究に大きな影響を与えてくれたと思います。もっと学びたい、もっと勉強したい、という気持ちを奮い立たせてくれたかもしれません。

皆さんにとって、何気ない毎日のどこかで、「この問題を考えたい」って思えることが、一つでも二つでも見つかると、それが勉強にもつながるし、いろんな知識の源にもなっていくはずだと思います。みなさんの正義感に心から期待したいと思います。ありがとうございました。
※それでもいくつも挙手が上がるので、感想文用紙に質問事項を書いてもらいました。

第3章
高校生向け「過労自殺」証言学習会
―「過労自殺」した女性の母の証言と、裁判を担当した弁護士・岡村晴美さんによるミニ講演

（2017年2月）
文章おこし　宮城道良
協力　同朋高校放送部

※岡村さんは被害者のお母様が事件について証言をする前に、高校生たちに事件の背景について理解が進むように先に説明をされました。被害者のお母様は、今回の証言学習会を「授業」と呼んでいましたが、ここでは岡村さんの説明を「ミニ講演」、被害者のお母様の「証言」、あわせて「高校生向け証言学習会」とします。

主催は、同朋高校生徒会・放送部・愛知県高校生フェスティバル実行委員会同朋学内実行委員会で、22名参加（宮城）

岡村弁護士：今日お話しさせていただくのは、まだ23歳の女性Aさんが職場のハラスメントが原因となって、自殺をしてしまったという事件です。今日は、原告のお母さんのお話をと思い来てもらいました。

被害者Aさんは、年齢が皆さんとそう変わらないと思います。**ご遺族が、遺族としていろいろなことに思いもあるというところで、お話をするというのはとても勇気のいることですし、でもとても意義のあることですし、**皆さんに伝えたいことがいっぱいあると思うので、ぜひ放送作品にして頂ければと思います。

過労死という言葉で長時間労働についてビデオとかを見てお勉強をしたり新聞を見たりして、今までやってきたと聞いていますが、今日

はそのいろいろな過労死の中の過労自殺という自分で命をたってしまう形の過労死をして、そこにはハラスメントやパワーハラスメントがあるとか、聞いたことがあると思うんです。
　今日は、そのハラスメントをひとつのテーマとして、この事件を紹介できたらいいなと思っていますのでよろしくお願いします。

一同：よろしくお願いします。

岡村弁護士：この事件は、私ともう1人の男性と2人で弁護団を組んで、打ち合わせはお母さんとお父さんと場合によってはお兄さんに協力いただいて裁判を毎回一緒に出てたたかってきました。裁判の前にですね、労災保険（労働者災害補償保険）という制度があるのですが、労働者が保険料を納めて、過重労働だったり職場でのことが原因でけがをしたりとか、長時間働いて病気になったりとか、そして、こういうハラスメントを受けて自殺してしまった人に対して、保険で救済するという手段がとられています。今回は、その労災の認定、これは労働の現場で起こった自殺ですよということが裁判の前に認定されていて、その上で会社と加害者に対して裁判を起こしたという事案です。

●どんなハラスメントをうけていたか

岡村弁護士：詳しくどういうハラスメントだったかを見ていきますと、**話しかけても無視される、髪型服装についてうっとうしいとか、派手と文句を言われた。トイレ掃除を当番でもないのにやらされる、ささいなミスを過剰に叱責《しっせき》される、ゆとり教育を受けた人は使えないと言われる等の嫌がらせが長期間にわたってあった。**
　被害者のAさんは、もう亡くなってしまっているので裁判で証言できませんが、いじめられるターゲットが結構変わっていったから、いじめられていた人に直接話を聞く機会がありました。やっぱりちょっとひどい会社でどんどん人が辞めているから、先ほどAさんは派遣社員の人から仕事を引き継いだと言いましたが、この派遣社員の方も裁判で証言してくださいましたし、いろんな方がすごく協力的でこういう酷いことがあったよと、教えてくれました。ですから、ほんとうに弁護士として、この事件に勝てる確信が持てるというか、みんなもそう言ってくれているというのがすごくあったんです。

●ちゃんとゴミの分別を

けれど、私はAさんに直接話を聞けていないので、他の人が言った話で、本当にこういうのが「いじめ」で、ハラスメントで、人の心を壊すなと思ったエピソードを1つ、紹介します。

パワハラのターゲットになって別会社に出向した人の話です。**ゴミ当番があるんですね、順番に。ゴミがゴミ箱に入ってるからそれを袋に入れてむすんで捨てるだけのことですよね。それを先輩女性の方が、その人が当番の時に、『ちょっとこれ何？　わかる？　これ、何入っているかな？』ペットボトルのフタが入っているんですよ。**

一同　～固唾《かたず》をのんで聞き込む～

岡村弁護士：**そして『ペットボトルのフタってさぁ、燃えるゴミだっけ？　これ、入ってていいんだっけ？』って言うんだって。『ちょっとこれとってよ』って言って、目の前でゴミの中に手を突っこんで取らされて、捨てなければいけない。**

その1つの出来事を見たらゴミの分別ができていないから、**『ちゃんと、ゴミの分別してね』っていう指導をしたんですと言うんだけど、それを受けた人はどれだけ屈辱かってね、同じ職場の中で、『これなぁに？』と言われて、その場で手を突っこんでゴミを取らされるって**いうのは、それ一回きりで終わっているとは私は思えないんですね。想像力というか具体的な事実を知ると、パワハラがあるってことは、とくに皆さんは高校生なので、学校のいじめは多かれ少なかれ見てきたでしょうから、わかってもちえると思うですね。

いじめは人の心を壊しますが、職場のいじめというのは、**『それは指導である。いじめじゃなくて指導である、教えてあげたんです』っていう上下関係があるから、とても見えにくい。でも、やられた方はすごく心に傷を負っていく**というところがあるかと思います。

証言学習会を提案したＳさん

一同：～うなずく～

岡村弁護士：配置転換の問題もありました。私が前に経験した、ずっと同じ職場に勤めていた50歳くらいの男性公務員の方がパワハラで自殺したケースを紹介します。

３月末から４月１日のところで、**それまで経験のなかった業務に配転されて、５月の末に自殺されました。**１か月の引きつぎ期間中に前の業務を後任に引きつぎながら、あわせて慣れない新しい業務を引きつぎました。時間に追われながら後任への引き継ぎマニュアルを一人で作成し、慣れない入力作業の仕事をしました。

仕事が大変で、大変さが誘発するミスからパワハラを受けるということは、やっぱり両方が相乗効果なんですよ。

業務が変わる配置転換というのは、皆さんもあるんですよね。４月になってクラス替えの時とかドキドキする、なんか気の合わない人や嫌な人がいたらどうしよう、どこか環境が変わると心理的にプレッシャーになるし。

初めての業務でできないことも多いし、それに対してハラスメントを受けるとすごく心を蝕むことになります。

●「なんでこんな簡単な仕事ができないの」

入力作業の仕事は、作業自体は難しくないかもしれませんが、時間に追われれば難しくなります。多額の損失を与えるような重大なミスというわけではなくて、でも、どうしてもミスが起こる仕事なんですよ、慣れてないから。

そこで、『なんでこんな簡単な仕事ができないの』って言われることが、ミスが些細《ささい》だからこそ重いんですよね。**何か重大なミスをして、うわっと、怒りがくるならね、まぁすごいミスだったからしょうがないなとなるかもしれないけれど、『こんなことでこんな言われて、私は使えない人間なのか』ってね、**落ちこむ。

岡村弁護士：長時間労働もそうですが、時間に追われての仕事、場合によってはノルマがある、これを達成しなければならない、これをやるまでは終わらないというような仕事の困難さと、ネガティブなことを言われるパワーハラスメントがやっぱり両輪となって心を蝕《むしば》んでいくというところがあります。しかもそれでミスが増えて、ハラスメントがエスカレートするというね。悪循環に陥るところがストレスと思います。

●人を使って呼び出す

で、それから、**配置転換で誘発されたミスに対して、直属の先輩女性だけが言うだけではなく前の職場の女性も一緒になって**呼び出す、**自分で呼び出さずにちょっと後輩を使って**「Aさん呼んできて」って言うんです。で、この後輩の人は嫌だなって思いながらAさんを呼びに行く。すごい怒られることがわかっているわけ、呼びに行く人は。この人は最後に証言してくれたんですけど、『きっとAさんから見たら、私もいじめの加害者だと思った』と裁判では証言していました。『B先輩、Aさんのこと呼んでるよーって言いに行く。もう気が重い、行くと、わぁーと怒られている。それを見た時、自分で呼べばいいのにと思った』と…。**人を使って呼ぶみたいなところもすごく心理的な負荷**かなと。

その中間的な人が助けて欲しいですよね。本当は。でもすごく怒られるのをわかっているんだから、この人も勇気がわかないですよ。先輩が『ちょっと呼んできて!』と言った時、『怒らないでくださいね、やめてくださいよ』って言ったら、今度は自分がターゲットになるかもしれないね。ターゲットになって会社を辞めている人を、いっぱい見ているから自分が声をあげたら自分がターゲットになると思うから、おとなしく従ってAさんを呼んでくるということがありました。

一同：～シーンとなって聞く～

●低賃金・長時間労働・ノルマ

岡村弁護士：**残業代の未払い**も発覚してますね、この会社は。

固定残業制といって、何時間残業してもこの金額ねって決めていたんですが、これは労働基準法違反で、ちゃんと働いた残業代を払わないといけません。そういう違反もあったということで、なかなかそこがね。

Aさんも亡くなる前にツイッターをやっていて、ツイッターで、『固定残業制なんてマジありえない』とか、『**こんな働いてこんな安いなんて辛すぎる**』みたいなツイートも明らかに書かれている。やっぱり、その給料が低い、適正な自分の対価ももらっていない、そこに、すごい罵倒されて、**お前はできない人間だって言われる。**労働が過密でも、給料がめちゃくちゃよかったら、こんなにもらっているからと辛くないかもしれない。

さっきも言った**パワハラを受けること、仕事が困難**ということ、仕事が過密であるということ…、場合によっては**長時間労働なのに対価が支払われていない**…、この３つのトリプルでくると…。たとえ給料が低くても、お母さんの話にもあったけど、**同じ職場の人が大変アットホームで仲が良くて給料低いけどみんなでがんばってやっていこうね、と励まし合いながらやっていく会社だったら、そういう気持ちにならなかったんだと思う**。そうではなくてパワハラがありますのでなかなか辛かったということですね。

そういうことがあったので、2013年5月20日に労災申請をしました。で、その労災申請をしたら、労務災害となると判断された。

労働基準監督署が認定するんですけども、モラルに関する発言、監督署のそのままの言葉ですが、『てめぇ、この野郎』みたいなということとか、人格否定に繋がるような言葉とか長期間にわたって続いていた。

入社してから3か月、4か月で退職している人がいます。

お母さんが、いじめの対象になっていると会社に訴えたことがあったので、会社はいじめやパワハラの存在を知ることができたはず。それなのに何もしなかったからそのハラスメントもあって心理的なプレッシャーが強い。

で、その上、慣れない仕事をやって多忙なのに、誰も手伝おうとしない。ミスして怒られているのに手伝おうかって言う人はいない。なぜなら他の人も自分の仕事でいっぱいいっぱいで、手伝っていると、**先輩女性から目をつけられて自分もターゲットにされるかもしれないから、誰も手伝わない。で、先輩女性も手伝わない、怒るだけ**っていうことがあったので、その**プレッシャー**があわさって強くなって亡くなったんだろうということです。

会社に対する損害賠償請求が進行中でこないだ地裁の判決がありました。そこでパワハラがあったと認められて、パワハラでAさんの心理的な負荷が強かったということで、精神的な損害があるということで医者も認められたんですが、亡くなったことに関してはうつ病が発症していたとは言い難いんじゃないか。パワハラで亡くなったんじゃないかもしれないというようなことでした。到底納得できないので控訴《こうそ》するということで、これから控訴審でがんばっていくということです。

なので労災認定と会社の損害賠償請求では、パワハラがあったことを認めたところまでは共通していますが、亡くなったこととパワハラに因果関係があるのかは法的に判断が分かれてしまっているので、上にいってもう一回審議してもらおうということになっています。

ここまでがこの事件の概要と説明です。後でパワーハラスメントとはどういうことなのか、モラルハラスメントとはどういうことか、今日は「働くとは」というテーマということなので、皆さんがそれを考えていただきやすい、そういう一般的な話をしたいと思います。

ここまでで、事案についての説明や意図を話したので、質問とかあればお受けしたいなと思うんですけど。

N生徒会長：質問です。証言したのは、何人いましたか？

岡村弁護士：まず母親。父親は陳述書を提出しているので、法廷に立ったのはお母さん。そして、彼女の新しい仕事を引き継いだ派遣社員の方。先輩女性２人に手先のように使われ、Aさんを呼びに行かさせられ、怒られているのを見てた人、以上の３人が原告側の証人です。また、会社側の証人は会社の管理者である取締役と、パワハラの加害を行った先輩女性2名。先輩女性と言っているのは、上司ってわけじゃないんですよ、身分はね。役職についてるわけじゃなくて、年が上で、長い経歴を持っていて、同僚だけど先輩。もう1人、その上司にあたる人を被告側の証人としてということで、合計7人の人物にしました。

石井准教授：こういうことになった時に、そこまではいいかなって思うんですね。その中で具体的な事実も後になってわかったことだと思うんですけどそれがあまりない状況の中で、やっぱり**どうしてもこれは会社側に責任を認めて欲しいみたいな直接的な思い**をお聞かせ願えればと思うんですけど。

● **「あの子が勝手に死んだんだろ」**

被害者の母親：娘は、私に何でも話しましたので、原因がこれだっていうことは、前からわかっていましたし。とにかく**先輩女性からお電話いただいてその後、娘からかけているわけですよね。（その直後に飛び降り自殺）**。その時の内容はわかりません。でもその数時間後っていうことで（亡くなっている）、それしか原因が見つかりませんし、**会社の対応が、一応は葬儀のところにも、皆さんを呼んだんですが、誰一人「ごめんなさい」って言葉がない**ので。誰でもいいです。うちの会社に何があったのみたいなのがあって、その後にあの中で今回証言してくれた子の他にも何人か、お話をしてくれた方がいらっしゃったんですけども、亡くなって一か月もしないうちに、**『あの子が勝手に死んだんだろ。私たちには関係ない』っていうのが入ってきてしまったので、もうこれは絶対に許せない**。そういう形でした。

岡村弁護士：証言に立ってくれるのが本当に難しくて。実は、先輩女性、加害者側のハラスメントで自殺未遂をした人がいるんですよ、Aさん以外に。Aさんが自殺する一週間前に、実は私も自殺未遂をしましたって、お母さんに電話をかけてきた。泣きながら。会社に残っている人でね。会社に残ったまま、いろいろ証言してくれる人はいないんです。

●自分の生活があるから証言が難しい

これはもう労働事件をやってる弁護士みんなの悩みというか…**会社の人はね、自分の生活がありますから、本当のことを知っていても、言ってくれないんですよね。**

だから皆さん、労働災害にあわないのが一番いいですけど。あっている人を見かけたとき、**そういうことを知っていながら黙っておこうなんていうことは、生き方として私だったら辛すぎる。いじめられてるとこを見てるのに、我が身かわいさに証言できないなんてね、**と思うので。そこは生き方の問題だからね。今回の裁判で、勇気をもって証言してくれた方のうちの1人は、会社に残っていた方で、ズバズバとほんとのことを言っていたんです。会社側からの質問に対してもがんばって証言していますから、すごい大変な思いをしているかなと思いますけどね。

残念ながら、『遺族の方』というのが、たくさんいますね。他の事件で…、いろいろなところで…、**夫を亡くした方、息子や娘を亡くした方、労働の現場で亡くした方もいれば、学校のいじめで亡くした方もいて、遺族の方しかわからない辛さがあって、裁判の途中で心が折れそうになる。**そういう辛い思いを聞いていたので、今回とくに『ズバズバとほんとのことを言って』くれた人たちのことは印象深い。

●ハラスメントは人の心を壊す

岡村弁護士：他の事例も踏まえて、ハラスメントをどう考えるのかを説明していきたいと思います。わたしは小学校のとき、いじめにあってまして、そのことを、人になかなか言えなくて、高校に行った時も、いじめのことは忘れて楽しんでいたんですけど、同じ中学から来ている人が『あいつは小学校のとき、いじめられていたんだよ』って言って、突然、友だちからですねえ…、いじめられていたんだってことを言われると…、黒歴史みたいなものを引っ張り出さないでって。

非常におどおどして常に人間不信みたいなとこがあるままずっときて、20歳の成人式のとき、クラス会をやるっていうんで『欠席』で当然出してるんですよね。いじめられていたから。行くわけないんですよね、クラス会なんて。『欠席』で出していたら親が「どうして行かないの？　みんなに久しぶり会いに行ったら？　あんた暇だし」と言われて「いじめられてたから行かないよ」って、その時、初めて言ったんですよ。言えるかなと思って言ったらフラッシュバックみたいに涙が出てきてね。

なんか、幼い頃のいじめのこととかを根にもって、犯罪をした人に対して、『いつまで昔のことを言っているんだ』というようなことが報道されてますが、いじめは、**やっぱり人の心を壊す。自分がダメかもしれない、ってなって、自分の自己肯定感が低くなる**んですね。

私は、差別とか、『人が人を支配する』ってのは、どういうことなのかなということにずっと関心があった。

弁護士になってからも扱っている事件は、DV（ドメスティック・バイオレンス　家庭内暴力）の事件と、学校のいじめの事件、労働事件のなかでも、パワハラ、モラハラ、セクハラ、マタハラ、っていう人が人を支配するという、弁護士の職務の中の一番狭い部分だけで仕事をしている弁護士です。

●加害者に問題がある

いっぱいいじめの事件をやって、わかったのは、**加害者にすごく問題がある**んです。本当は、中学校のいじめの事件でも加害者の1、2名程度にすごく問題がある。その問題は、子どもの場合でいうと、**すごく家庭環境に恵まれないかもしれないし、家庭環境に恵まれていても…すごくプレッシャーに押しつぶされてるかもしれないし、なんか他の要因があって、イライラしているとか、きっかけを作って誰かを踏みつけにして、自己肯定感をもつ。人を低くして自分を高くする…、誰かを引きずり下ろす、もしくは弱っている人間をさらに痛めつける。そういうことが行われる**ということが子どもの世界でもあるんですけど。それが大人の世界でもある。それがパワーハラスメント、モラルハラスメントになります。

放送作品制作を提案したＴさん

●被害者の欠陥さがしばかり…

ハラスメントする人が悪いんですけど、だけどいじめが起きた時ってね、「どうしていじめがおこったのだろう?」って、被害者の欠陥さがしばかりする。

この人がこういう発言をしたからいじめられるんだとか、言い返さないからいじめられたんだとか、言い返したんだからいじめられたんだとか、ミスが多いから叱責《しっせき》されたんだとか…、加害者の方には目が行かず、被害者にばかりに原因を探してしまう。だから被害者は「私が悪いのか」と思ってしまう。「なんで、私ばっかり、こんな目にあうんだろう」「私ができないばっかりに…、私が原因だろうか」と思っちゃうから、生きていけなくなってしまう。

●人が人を支配する構造

今日の副題の「職場いじめは、なぜおこるのか」を考えるとき、パワーハラスメント、モラルハラスメントの構造から理解するとレジメに書きました。それにそって言うと、「人が人を支配する構造があるときに、人の心は壊れていく」んだということだと思います。

その上で、パワーハラスメントと言うのは、これは和製英語です。日本人が考えた言葉。「上司が職務権限を使って、職務とは違う事項に関して、もしくは職務上であっても適正な範囲を超えて、部下に意見を言うこと」。

たとえば、「なんだ、おまえ、その髪型！」ということとか、「おまえ、いつまで親と一緒に住んでいるんだ」とか、「彼氏もおらんのか」などは、職務とは関係ない。職務とは関係のないことを怒られる。これはパワーハラスメント。そんな職場、結構あるんですよ。

もう１つは、むしろこちらの方が問題が大きいのですけれども、「適正な範囲を超えて」いたら、やはりパワーハラスメント。たとえば、ボールペンなどをぽろっと落としたとき、「おまえ、何、落としているんだ」とわあーっと怒られる。パワーハラスメントの定義は、職務と関係していないことで怒るのはもちろんダメだけれども、職務と関係していても適正な範囲を超えていたらやはりダメ。それを受ける側が精神的に負担と感じるようならパワーハラスメントだと考えます。

●ものを投げる・理不尽な命令・退職強要…

ものを投げる、結構これ、ある。びっくりしますが。書類とかばさっと投げる。業務に関係のない理不尽な命令をする。命令口調で発言をする。これらもパワハラの典型的な例です。

あと、自主退職を強要するというのもあります。自主退職というのは、人事権がある人、社長などが「おまえ、辞めてくれないか」というのはもちろんパワハラですけれども、人事権がない人、先輩なんかが「おまえなんか使えない、おまえの代わりなんかはいくらでもいる。辞めていけ」というのもパワハラですね。これが裁判になると「人事権のない人の発言だから影響力はありません」という被告（会社側）が出てくるんだけど、パワハラです。

わざと人前で叱る…、呼びつけて、皆が見ている前で叱る。これもパワハラ。だといって密室で叱るのも、じつは今回、Aさんは密室だったんですけれども、呼びつけて叱る。これもパワハラ。「叱る」。この行為が、小さい子でもあるまいし、もちろん小さい子でも叱責《しっせき》しない方がいいのですけれども、「言えばわかること」を「どなったり」、「否定的な言葉を使ったり」することと自体やめたほうがいいですね。職場の雰囲気も悪くなりますしね。

●「おまえの代わりはいくらでもいる」

「おまえの代わりはいくらでもいるんだ」。Aさんもこの言葉を投げつけられたわけですけれども…（母親、相づちをうつ）、よく考えれば中小企業で先輩が毎年のように採用されているというのはおかしいんですよ。お母様も先輩が多いから安心できるのではと、この会社をすすめたわけですが、なんでAさんの出身校に毎年求人が来て、毎年採用になっているか？ それは、毎年先輩が辞めているからだったんです。パワハラが理由で皆、辞めている。「おまえの代わりは、いくらでもいる」とどなって辞めても、すぐ新しく入ってくるから「使えるヤツを使えばいい」となっていた。Aさんがいたこの会社では、どんどん辞めているから、「代わりはいくらでもいる」「誰でもやれるんだぞ」というハラスメントが当たり前になっていった。ちょっと仕事を覚えたら辞めていくのだから、本当は会社にとってもそういう状態は損失だったと思う。

●モラルハラスメントとは

モラルハラスメントというのは、これはフランス人が作った概念。フランス語を日本語に訳したもの。「同一集団内において、つまり家庭においてとか、職場においてとかで、二重性にみせた身振りや態度、ほのめかしの言葉を通じて、人の人格や尊厳を傷つけていくことであり、自分と相手との差を利用して、自らの優位性を誇示しながら行う人格攻撃をいう」のが定義。難しいですね。たとえばでいうと、「舌打ち」。書類とか持って行くと舌打ちして、バカにしたような態度とか、ため息とか、バカにしたような仕草…、くすくす笑うとかして周りにアピールする。子どものいじめとかでよくあるやつだと思うんだけれども、それはモラハラ。

そして「無視する」。言っていることをことごとく無視するとか、怒りのこもったまなざしでにらむとか…。人格を否定するようなことば、たとえば「この〜、給料ドロボー」はパワハラだけど、「おまえみたいなろくすっぽ仕事していないやつが給料もらっていて、いいよな」と笑って言われたら、それはモラハラ。

どなられていないけれど、どっちが心をえぐるか…。それは微妙ではないでしょうか。人格を否定するような言葉を笑顔で言う…、それが裁判になると「どなったことはありません」と堂々と言う。確かにそうだけれど。

「特定の人を狙い撃ちにする」。これもよく行われています。今回で言うと、Aさんに「何度言ったらわかるの?」と何度も攻撃した。「何度言ってもわからない人、できない人」ではないんです。言われ続けると、できなくなっちゃうんですよ。そこから「うつ」に入っていく。叱られて、叱られて、「がんばります!」っていう世界で亡くなってしまう。叱られれば叱られるほど、萎縮しちゃう。

●心をむしばむダブルバインド

どうしてそういうことが起こるかというと、「部下の心をむしばむダブル・バインド」。二重性をもたせた身分や態度。具体的には、上司が「動く前に相談しろ」というけれど、実際に動く前に相談すると「なんで、そんな簡単なこと聞くんだ。自分で判断して動け」と言われてしまう。部下はどうしたらいいかわからなくなる、それがハラスメント。

聞いたとき「こうすりゃいいんだよ」と答えればいいのに、「おまえに考えさすのがオレの仕事だ」と言ってもったいつける。

人は怒っているときに人の上に立つことができるから、赤ちゃんが泣いて周りがおろおろして、その場の支配をすることができるのと同じで、「動く前に相談しろ」と怒って言えば、部下は動くことも相談することもできなくなる魔法の言葉。

Aさんにもありましたけれども、仕事の引きつぎの際、マニュアルを作れと言われて書くと、「これじゃない」。じゃあ、どれですかと聞くと「そんなこと聞かないで」。何したって怒られる。何回も何回もやられると、「自分はだめな人間だ」と、人の心は壊れていく。

パワハラでモラハラでというのもある。しかし、そのへんの区別はあまりつけない方が良くて、むしろ職場のパワハラというと乱暴なイメージがあると思いますが、「おだやかなハラスメント」もあるということを知ってもらうことが大事だと思います。一見、おだやかにみえるけれど、ハラスメントになる言葉が、人の心をえぐることもあるんです。

「言いたいことがあるんなら言えよ」と言われて言うと倍返しで返ってくる。我慢していると、「言いたいことがあるような顔して、なんだ、その顔は」。どっちに転んでもだめ。何をしても怒られてしまう、そういう二重構造。

●熱心な指導とパワハラのちがい

では、熱心な指導とパワハラと何が違うの？ということが、次に問題になってきます。

裁判でもここが一番問題になるところです。パワハラは対象者だけでなく、見ている人の心もむしばむとレジメに書きましたけれども、この会社でもそうでしたが、誰かがわーっとやられていて、見ていてみんなイヤだったというんです。みんな、証言しているんです。Aさんがやられているのを見ていてイヤだったけれど、言えなかった。自分がターゲットになるのが怖かったからと。

Aさんの前にいじめられていた人も、「自分がいじめられているときは、Aさんはいじめる側に近い人間かと思っていたけれども、私がいなくなった後、いじめられてたと聞くと、あぁ、私と同じだったんだな」と証言された。

みんなが言いたいことを言えない。黙るしかないという、見ている人もつらい気持ちなっているということがあるんです。

そうなると、作業効率が落ちてミスが多くなって悪循環。生産性という言葉があるんですけれど、怒ってミスが減って仕事の能率が上がれば、その指導はいい指導じゃないですか？けれども、実際は、パワハラ、モラハラをやると、仕事の効率が落ちるんです。「うつ病」とかになるでしょう。「うつ」になって、Aさんみたいに自殺したり、自殺しないでも「うつ」で休職したりして仕事が続けられなくなる…、そして仕事を辞める状態になると、誰かがその仕事を引きつがなくてはいけなくなる。そうなると引きつぐ仕事が増えて、ますますノルマが厳しくなる。やらなきゃいけなくなる仕事が増えるから、ミスも増えるし、全体的に風通しも悪くなるし、ぎすぎすした職場になる。

指導であるならば、ちゃんとプラスの方向に作用してなくては、指導の意味がない。怒ってミスが増えている…、それではハラスメント。

今回、Aさんの事件に関して裁判の判決でも、そこをちゃんと書いていて、裁判官さん達がちゃんと見ていて、それは、いいところだと思いますね。「ミスが増えているんだから、それは指導ではない」ときっぱり書いてある。

●ハラスメントが職場にもたらすもの

ハラスメントが職場にもたらす影響としては、①心の健康を害する、やられたほうの健康を害するし、職場の風土も悪くする。見ている人の健康も害する。②周りの士気も低下するし、生産性も低下する。みんなが十分に能力を発揮できない。悪影響でしかない。

証言学習会のようす（後姿左が岡村弁護士、右がお母様）

ハラスメントをする側の人間のほうも、すごくぎすぎすしているんですよ。給料が低いのはAさんに限ったことでなく、（いじめている）先輩女性たちも給料が低いんですよ。それで酷使されているんですよ。

ちゃんとした教育係もおかず、その先輩女性に、役職についていないのに、「おまえが管理しろ」と言って、誰かがミスをすると全部その先輩女性のところにいって「どうなっているんだ！」と文句を言う。だから、その人もストレスがたまっていくんですね。

ブラック企業とパワハラは表裏一体だとよく言われるんですが、全体にブラックなところにハラスメントが起こりやすいんですね…。この会社を見ていると、そう思います。残業代を払わないなんて、「労働基準法」無視の会社だから、ハラスメントがおこる。ハラスメントが会社に及ぼす影響とレジメに書きましたけれども、「職場がもたらすハラスメント」…、両面があると思います。

つまり、ハラスメントのせいで仕事が回っていかなくなるからイライラする。イライラするから、ハラスメントがおこる…、そういう階段を上っていく状態になってしまう。

●働きがいのある人間らしい仕事を

ただ、本来はそれは違ったはずだと。「ディーセント・ワーク」という言葉があるんですけれど、「働きがいのある人間らしい仕事」、「人間らしい労働」という意味なんですが、そのことを考えてみましょう。

別の言い方をすれば、「働くってなんだろう?」「労働は商品ではない」ということを考えてみましょうということなんです。

●「お前の代わりはいくらでもいる」

昔は職安（公共職業安定所・ハローワーク）といって、そこだけしか職業を斡旋《あっせん》してはいけなかったんですよ。しかし、今は特定業者だけは派遣を認めますとなっていて、製造業までに拡がっていって、ついには、どんな仕事でも認められてしまったんです。

なんで派遣がダメなのか。派遣という仕事は、「この仕事に、この人を派遣する、それによってお金をもらう…」、これはかっては、人身売買だと考えられていたんです。

だから、「労働力を売る・買う」ということはあってはいけないと考えられてきたんです。労働というのは、人間が生きていくために必要なこと、一生懸命働いたから、その対価で楽しいことができる。お金がもらえて生活ができる…、人が生きていくために絶対に必要なことだし、そこには心がある。

それを「ここ、人が足りないから、はい、30人ね」って送る。「あっ、鉛筆30本足りないなら、じゃあ、そこ30本」という具合に労働者を送るのは、やっちゃいけないことです。だけど、今は当たり前にできるようになってしまった。

このこととブラック企業の問題は関係があります。つまり、「お前の代わりはいくらでもいるんだぞ」と言えるのは、派遣で埋めようと思っているからです。

そういった、労働をただの商品として扱うようになってしまったことと、ブラック企業は関係があると思います。人間らしい働きができていない。派遣労働は問題があるんです。

ハラスメントでいうと、殴る・蹴るというハラスメントもありますが、殴る・蹴るがなくても、「お前の代わりはいくらでもいるんだぞ」という発言は「心をむしばむ暴力」だとみんなが理解しておかなければと、思うんです。労働の現場にあってはならない暴力。

先ほどのモラルハラスメントは、フランスでは犯罪。処罰される対象になっている。そういったことが日本ではまだできていない、認識が遅れています。

背景にあるのは、過労、長時間労働、責任が重い仕事。そういったことが「人間らしい労働」というものの対極にある。だから、「働くということを考える」「人間らしく働くことを考える」ということは、とても大事なことだと思うんです。

●被害者になったときに…

被害者になったときに考えてほしいことは、「被害者になる、ならないは、運次第。加害者の問題」。加害者に選ばれた人が被害者になる。DVなんかも、加害者に選ばれた人が被害者になる。「なんで私はこんなにひどい目に遭うんだろう」は、「なんで、この人はこんなに怒るんだろう」って思わないといけないんです。被害者になるならないは、加害者にターゲットにされるかどうかは、運次第。

できる人もできない人も被害者になります。できる人を攻撃するハラスメントもあるし、できない人を攻撃するハラスメントもある。できない人には、本当にできない場合もあるし、新入社員でできない場合もあり、50歳でも新しい職場にはいるとできない場合もあります。

どんな人でも被害者になるということをわかることが大事です。イライラしてぶつけているだけかもしれないのに、まともに受けてしまうと、そうすると被害が継続してしまう。精神的に追い詰められてしまう。

たとえば、いじめられていたときに、なんで私はいじめられるんだろうって本人は悩んでしまうんですが、ハラスメントをする人は本当のことを言うわけではない。私も子どものころ、こんなところにほくろがあってブスだと言われたことがあって、世界で1番ブスだと思っていたけれども、ある日ある友人が「ブスじゃないよ、中の上だよ」って言ってくれた。すごく救われたんですけれども。(一同、笑う)

ハラスメントの加害者も本当のことを言うわけではない。「仕事ができない子」って言われて、Aさん、本当にしんどかった思う。Aさんだけど、こういう事案の被害者は、本当に親に愛されて育って来ている。そうなると人を信じる心がまずあって、それは、あっていい心なんですけれども、加害者が言ってくると、「きっと私の方に何かあるんだろう」という素直な気持ちになってしまう。

これが「この先輩、何言っているんだ!」という人だったら、その人は死なない。この会社に勤めていた方で「ばばぁ2人にいじめられたから、こんな会社辞めた」とSNSに書いている人がいたんですけれど、こういう風に言えたら死ななかったかもしれない。

先輩女性2人に受けたことを真に受けた、そのこと自体はいいことなんですけれども、世の中には「いじめる」「ハラスメントをする」目的があって言っている場合がある、だから「これは指導なのかな、ハラスメントかな」と考えることが必要。言われて自分がへこんでいるのは、それは指導ではない。そうなったときに、ハラスメントの加害者は本当のことを言うわけではない、これはおかしいのではないか、と心の中で選択をすることで、自分を守る。

●被害者へのサポート

被害者になったとき、自分が、被害者だと気づくのが、1番遅い。周りの人が見ていて、あなただけあたりが強いよねと思ったら、周りの人も助けてあげないといけない。

被害者へのサポートというのは、被害者はこういうハラスメント受けていますと言うのは勇気がいることだから、「私、いじめられています」と言うのが勇気のいることと同じで、被害者は小さなことから言う。たとえば、「なんとか先輩はにらんでくる」。そうと来たら、「気のせいじゃない?」と答えるのじゃなく、「どうした、どうした」と共感して聞いてあげること。そして「お医者さんに言った方がいいよ」「職場変えた方がいいよ」って親身になってあげる。そうサポートしていかないといけないと思います。むしろ、こういう話は、高校生の皆さんより、経営者や管理者の立場の人に聞いてほしい話なんですけれども。しかし、社会にでたらいつハラスメントにあうかわからないから、考えておいてください。

私がお話したいことは、一応すべて話しました。お母さんから補足ありますか。

お母様:娘の事件で思うことは、娘はメモを取ることは好きな方ではなかったので、一日何があったかは、必ずメモをとる。それはやってもらうといいんじゃないかと思います。

パワハラというものに対して、先輩も、会社の上司も考える人が少ない。自分たちが忙しいから他の人に仕事を振るんだけれども、態度が厳しい。「その態度、間違っていますよね」と言ったとき、「まずは俺たちの言うことを聞け」と来る。それ自体がパワハラ。しかし、それが当たり前のようにある。

だから、みなさん、社会に出たら、そのようなことがあったら必ずメモをとる。一冊、日記帳を用意しておけばいいと思うんですよね。毎日、そういうことを書くというのはつらいことですけれど。被害者になっていくとき、証拠になっていく。あと、親御さんとやっぱりよく話しをする。それが1番必要かなと思います。私も、いっぱい娘と話していたつもりですが、なんで死んだのかなということが、実は今もわからないので、お話はほんとうに大事です。

たとえば、みなさんが将来、東京と名古屋とか離れてしまうと会話なんかほとんどないけれども、本当の気持ちを伝えられるといいけれども、「これ言ったら、お母さん心配するな」ってがまんしたらだめ。お母さんに心配させていいんですよ。親だから娘、息子のことを心配できるんだから、お母さんやお父さんには必ずいろいろ話してください。必ず力になってくれるはずですから。相談する、メモをとる、それだけはどうか覚えていてください。

宮城：少し、ここで休憩しましょうか。

（5分、休憩）

その後、高校生たち17名と、「過労自殺」した女性のお母様、裁判を担当した弁護士の岡村晴美さん、そして石井先生、地元TV局のUさん、私宮城がフリートーキングのような形の「感想の出し合い」や質疑応答がつづきましたが、紙面の都合上、割愛します。

第4章
コロナ禍時代を生きるために本を読もう！

12　多様な生き方のすばらしさを知るために　おススメ書籍12冊

つぎの、①〜⑧は石井、⑨〜⑫は宮城が、高校生・大学生、若手労働者に読んでほしいという本を選びました。

機会があれば、手にとって読んでください。

①暉峻淑子
『豊かさとは何か』（岩波新書 1989年）
『豊かさの条件』（岩波新書 2003年）
『社会人の生き方』（岩波書店 2012年）

本当の「豊かな生き方」を見つめなおしてみませんか

暉峻淑子《てるおかいつこ》さんの本は、どれもやさしく読みやすく書かれていますのでおススメです。『豊かさとは何か』は、私が高校3年生のときに読んで、衝撃を受けた本です。日本は高度経済成長で「豊かさ」を手に入れたはずですが、それは私たちの生活破壊の上に築かれたものだと気づくきっかけになりました。「豊かな生き方」とは何かを私たちに問いかけてくれます。

②田端博邦
『幸せになる資本主義』（朝日新聞出版 2010年）

新自由主義の「自己責任」論を軽やかに乗りこえていくために

高校生のみなさんにはやや難しい内容になるかもしれませんが、アダムスミスやジョンロックの経済思想などが丁寧に紹介されて、少し背伸びをして学習するのに最適なテキストだと思います。新自由主義の「自己責任」にもとづく「自分の決定」が、じつは自分の主体性にもとづく「自由な決定」とはならないことを鋭く見破っていく論理展開に、私は驚きながら感動して読みました（242～250ページ）。

③富岡幸雄『税金を払わない巨大企業』（文春新書 2014年）
志賀櫻『タックスイーター ―消えていく税金』（岩波新書 2014年）
深見浩一郎『〈税金逃れ〉の衝撃―国家を蝕む脱法者たち』（講談社現代新書 2015年）

「政府も財政難だから仕方ないのでは？」と考えているみなさんに

授業料を無償化したり社会保障を充実させたりすることには賛成だけど、「政府も財政難だから仕方がない」と考える人も多いのではないでしょうか。このブックレットでも紹介しましたが、各国の税制度の違いを「利用」して、世界中の「超」のつく大企業や富裕層が税負担から逃れる実態があります。ここに紹介した本は、どんな手法を用いて、どれくらいの規模で税逃れをしているのかがわかります。読んでみると、みなさんもおそらく強い衝撃を受けることになると思います。

こうした国際的な税逃れに対し、適切な課税をすすめるための仕組みも模索がはじまっています。大企業や富裕層への適切な課税によって巨大な財源が生み出されることは間違いありません。これが新しい福祉国家における社会保障制度のための原資になると考えられます。

「消費税を上げざるを得ない」という主張もみられますが、斎藤貴男『消費税のカラクリ』（講談社現代新書 2010）や富岡幸雄『消費税が国を滅ぼす』（文春新書 2019年）をあわせて読んでみるとよいでしょう。

④宮本みち子『若者が《社会的弱者》に転落する』（洋泉社新書　２００２）
阿部彩『子どもの貧困―日本の不公平を考える』（岩波新書　２００８）

子どもと若者の貧困がひろがっている

私たちの国では、お年寄りの貧困問題、子どもの貧困問題、あるいは母子家庭の貧困問題、障害者の貧困問題など、あらゆる領域で貧困問題が深刻化しています。

私はそのなかでも、「若者・青年の貧困問題」について、もっともっと社会全体で問題にしなくてはならないのではないかと思っています。

なぜ日本で若者・青年は生きづらいのかがわかってきたら、いろいろなことが若者・青年の「自己責任」なんかじゃないこともわかってきて、あなたの気持ちもきっと少し楽になるはずです。

⑤世取山洋介・新福祉国家構想研究会編『公教育の無償性を実現する―教育財政法の再構築』（大月書店　２０１２年）

新しい福祉国家の実現可能性を、本気になって探求する

新自由主義にかわる「新しい社会」のあり方をどう構想するか、さまざまな社会保障領域ごとでも追究がはじまっています。ここで紹介している本は、私も参加した共同研究による研究成果をまとめたものです。

大学の授業料の無償化措置、義務教育の完全無償化、少人数学級といった諸施策について、私たちの国で実現することはそれほど難しいことではないことがわかってきました。

新福祉国家構想研究会が出しているシリーズ『福祉国家型財政への転換―危機を打開する真

の道筋』『誰でも安心できる医療保障へ－皆保険50年目の岐路』『老後不安社会からの転換－介護保険から高齢者ケア保障へ』『失業・反失業者が暮らせる制度の構築－雇用崩壊からの脱却』『日米安保と戦争法に代わる選択肢－憲法を実現する平和の構想』も、ぜひお読みください。

⑥【映画】『世界侵略のススメ』（マイケル・ムーア監督）
世界の多様性を知るために。そして日本社会の変革の可能性をつかむために

このブックレットでも紹介しましたように、マイケル・ムーア監督の映画『世界侵略のススメ』は、私たちに政治や社会の多様なあり方をわかりやすく示してくれます。

ムーア監督が、私たちに代わって私たちが聞きたいことを率直に尋ねてまわるのが、かわいらしく感じられます。イタリアの大企業の社長さんに「こんなに労働者に休暇を与えてしまったら、会社はもうからないぞ」と質問しますが、社長さんは、「休暇のおかげで心身ともに元気な社員がいるから会社は繁栄するんだ」と切り返されます。

ムーア監督の最新作品『華氏119』も紹介しておきます。

アメリカでトランプ大統領が誕生した2016年11月9日に焦点をあてて、いま、アメリカで一体何が起きているのか、これから何が起ころうとしているのかを見つめています。アメリカの地方都市フリントで、水道の民営化によって引き起こされた大規模な健康被害の状況が描かれ、また、新自由主義教育改革で痛めつけられたアメリカの学校教師たちが立ち上がる姿も描かれます。

ラストは学校における銃乱射で多数の高校生

が犠牲になった事件のあと、全米の高校生が立ち上がる姿です。

ぜひ友だちや仲間といっしょに見てみることをおススメします。

⑦【映画】
『家族を想うとき』
『1945年の精神（The Spirit of '45）』
（ケン・ローチ監督）

勉強の息抜きに映画はどうでしょうか。世界史の勉強にもなります

『家族を想うとき』は、イギリスのケン・ローチ監督の最新作映画です。世界で大問題になっている「宅配ドライバー」の労働問題を正面からとりあげます。「宅配ドライバー」の働き方が、なぜ世界中で問題になっているのか、みなさんはご存知ですか。

自分で宅配の契約を勝ちとって、自分の都合で仕事ができるのですから、まるで独立した自立した職業のようにみえますよね。しかし、その実態は、生活のために必要な所得収入をかせぐためには、家族とともに過ごす時間を切りつめながら24時間働き続けざるをえないのです。

『1945年の精神（The Spirit of '45）』は、イギリスで福祉国家の建設がはじまった1945年の労働党政権の誕生の経過について、当時のフィルムなどを駆使しながらケン・ローチ監督が映画にまとめました。

イギリスの鉄道はなぜすべて国営化したのかを知ると、日本で公営地下鉄をのぞくすべての鉄道が民営化されていることが、じつはかなり重大な事態なのだということに気づかされます。

港湾労働者の公務員としての雇用が実現した歴史経過も参考になります。

日本でも、公共性を少しでも有する職業については「公務員化」を大幅にすすめ、あらゆる職業領域に安定的な雇用を生みだすことも重要な政策課題になるはずです。

日本語字幕版のDVDでは、宇都宮健児氏、唐鎌直義氏、國分功一郎氏、松尾匡氏、山本太郎氏といった各界で運動をつづけている活動家や研究者らが福祉国家についてコメントしていますので、たいへん勉強になると思います。

⑧吉野源三郎『君たちはどう生きるか』（岩波文庫、1982年）
友達とケンカすると、なぜ心が痛むのか

吉野源三郎さんの書いた『君たちはどう生きるか』は、もともと1937年に出版されたものですが、その後、いろいろな版にまとめられ今日まで出版がつづいています。

最近では、17年に漫画化されヒット作となりましたので、漫画版を読まれた方も多いかもしれません。

漫画版を読まれた方は、いよいよ原作に挑戦してみてはいかがでしょうか。その場合には、1982年に岩波文庫から出されたものを手にとられることをおススメします。

この版には、巻末に高名な政治学者である丸山眞男さんの「『君たちはどう生きるか』をめぐる回想」が収録されていて、戦前、吉野さんがどのような状況のなかでこの本を執筆したのかを解説してくれています。

この本の主人公のコペル君は、お友だちを裏切ってしまったことで心に深い傷を負い、学校に行けなくなってしまいます。そんなとき、コペル君の叔父さんが、友達とケンカするとなぜ心が痛むのかについて、手紙を書いてくれます。

私たちもまた、自分自身の心が深く傷つくこともありますし、友だちが悲しい思いをしていることで自分の心を痛めることだってありま

す。過労死・過労自殺でなくなった方のニュースをみて、あるいは芸能人の方の自殺のニュースをみて、つらく悲しい気持ちになることはじつはとても大事なことなのです。それは、あなたの心が、「こんなことは二度と起きてほしくない」と叫んでいるからです。

悲しみの中から、新しい社会をつくるためのパワーがきっとうまれてきます。コペル君が悲しみからどうやって立ち上がるのか、ぜひ確かめてください。

⑨川人博『過労死しない働き方』（岩波ジュニア新書、２０２０年）

働く意味を考えるために

川人博さんの『過労死しない働き方―働くリアルを考える』（岩波ジュニア新書　２０２０）は、高校生向けに書いたもので読みやすいです。

川人さんの『過労自殺　第二版』（岩波新書）も読み応えがありますが、川人さんは首都圏で過労死・過労自殺があると、必ず被災者側の弁護士として会見に現れる人で、過労死・過労自殺・労災・職業病といった分野を30年以上にわたってとりくまれてきました。読めば読むほど、豊かそうな日本社会の問題点が次々とみえてきます。

そもそも、過労自殺や過労死についての「労災」の認定はかなり難しいそうで、認定率は全国平均で約４割程度といいます。

「労災」認定率４割で被害者を弁護するのは難しいにもかかわらず、長く「労働者を守る」弁護人を続けてこられた川人弁護士ですが、２０１３年に過労死でＮＨＫ記者だった佐戸未和さん（当時31歳）の遺族代理人を務めたときは「メディアの仕事において『公益性』が高いとの理由で過重労働が容認・放置されることはあってはならない」と強調されました。

また、２０１５年大手広告代理店「電通」

の新入社員だった高橋まつりさん（当時24歳）が「過労自殺」した際も、代理人弁護士を務め（「電通」では1991年の入社2年目の男性社員（当時24歳）が自殺し、その時も今回と同様に代理人弁護士）、その後は、「経営者はもっと労働者の健康を念頭に置き、真剣に考えるべき」「パソコンが1台あれば、いつでもどこでも職場の延長となり、労働環境は悪化」「しかし『健康経営』をめざす企業も増えている」などを発信。そういう川人さんの書籍は注目です。

古い本ですが、『働くことの意味』（岩波新書）もおすすめです。

⑩塩沢美代子『メイド イン 東南アジア』（岩波ジュニア新書、1983年）

世界の貧困を知るために

世界を知る上で、他者の痛みを知る上で、高校生向けの岩波ジュニア新書には、いい本が多くあります。この本や『アフリカのこころ』『もっと知ろう朝鮮』など、世界からの視点で、日本社会がよくみえてきます。

また、ジュニア新書の森英樹『君たちは主権者だ』をはじめ、『ひとりで、考える』『自分で考える勇気』『男子が10代のうちに考えておきたいこと』『10代の憲法な毎日』『レギュラーになれないきみへ』『自分力を高める』『仲間を信じてラグビーが教えてくれたもの』もお勧めです。

岩波シリーズでは、ブックレットのなかで、高校生にも読める本もあります。

『アジアの民衆VS.日本の企業』『貧困』『食料』『誰のための援助？』『「南」からの国際協力』『日本の侵略と日本人の戦争観』など。最近は、多くの出版社が新書、ブックレットを出すようになりましたが、原点は岩波書店の「新書・ジュニア新書・ブックレット」。図書室や図書館で手にとってください。

⑪安川寿之輔『福沢諭吉のアジア認識』（高文研、２０００年）

日本近代史像をとらえかえす

なぜ日本は豊かな暮らしができるのか、本当に豊かなのかについて、石井さんが指摘した①『豊かさとは何か』を宮城もお勧めします。特に２章の「旧西ドイツと日本との比較」。

一方で、日本近現代をもう一度学び直すことが「今の日本」を理解するカギでしょう。安川寿之輔『福沢諭吉のアジア認識』（高文研）や山田朗ほか『日本近現代史を読む』（新日本出版社）、大江志乃夫『戦後変革』（小学館）、宮本憲一『経済大国』（小学館）などがお勧めです。

⑫石山久男ほか『戦争ってなんだ？』（学習の友社、２００９年）

証言が伝えるアジア太平洋戦争

アジア太平洋戦争の戦場を兵士の視点で見つめた本がこの十数年で出てきました。多くの戦友会が解散して、心ある下級兵士が見たままの戦場をいいも悪いも、被害も加害も語りやすくなったからです。（近藤一ほか『最前線兵士が見た「中国戦線・沖縄戦の実相」』学習の友社、渡部良三『歌集 小さな抵抗』岩波現代文庫など）。

あわせて、戦争ができるしくみを解明した『戦争って何だ？』は、戦争を再考する最適な本です。前歴史教育者協議会委員長の石山久男さんらが書かれました。ぜひ、精読をお勧めします。

資料13
子どもの権利条約の解説と抜粋

石井　拓児

●「子どもの権利条約」子どもの権利は大きく分けて4つ

「子どもの権利条約」には、子どもの権利がおおきくわけると4つ書かれています。

①生きる権利

・すべての子どもの命が守られること

「子どもの権利条約」は、1989年に国連で採択されました。子どもには大人と同等の、そして子どもには子どもに固有の権利があることが国際的に確かめられました。日本政府も、1994年にこの条約を守ることを約束しました。子どもとは、18歳未満のすべての人のことを言います。政府は、この条約をすべての大人と子どもたちに広く知らせる約束をしています（条約42条）。

挿絵とコメントはユニセフ web サイト：https://www.unicef.or.jp/about_unicef/about_rig.html より転載

②**育つ権利**

・もって生まれた能力を十分に伸ばして成長できるよう、医療や教育、生活への支援などを受け、友達と遊んだりすること

③**守られる権利**

・暴力や搾取、有害な労働などから守られること

④参加する権利

・自由に意見を表したり、団体を作ったりできること

●「子どもの権利条約」一般原則

また、「子どもの権利条約」の原則は、次の４つで構成されています。

①生命、生存及び発達に対する権利

（命を守られ成長できること）

すべての子どもの命が守られ、もって生まれた能力を十分に伸ばして成長できるよう、医療、教育、生活への支援などを受けることが保障されます。

②子どもの最善の利益

（子どもにとって最もよいこと）

子どもに関することが行われる時は、「その子どもにとって最もよいこと」を第一に考えます。

③子どもの意見の尊重

（意見を表明し参加できること）

子どもは自分に関係のある事柄について自由に意見を表すことができ、おとなはその意見を子どもの発達に応じて十分に考慮します。

④差別の禁止

（差別のないこと）

すべての子どもは、子ども自身や親の人種、性別、意見、障がい、経済状況などどんな理由でも差別されず、条約の定めるすべての権利が保障されます。

次の条文（ユニセフ訳）を読んで、みなさんにとって「子どもの権利」は守られているでしょうか。あるいは、みなさん自身のもっている権利は大切にされていると感じるでしょうか。例えば、学校のなかで、校則やきまりなど何かを決めるときには、「意見を表す権利（意見表明権）」（第12条）は大事にされていますか？みなさんには、名誉を傷つけられない権利があり（第16条）、暴力から守られる権利があります（第19条）。

子どもには、子ども時代にふさわしく、休んだり遊んだりして過ごす権利があります（第31条）。そして、遊ぶ権利と同時に、学ぶ権利が保障されています（第28条）。誰もが学ぶことができるようにするために、小学校と中学校は「無償」、つまりお金を払わなくても受けられるようにすることを約束しています。高校や大学もできるだけお金がかからないようにして、すべての子どもがさらに勉強できるようにするべきであるとしています。

ここに書かれている内容に関心があれば、さらに「英語版」でも読んでみてもきっとおもしろいと思います。

第1条（子どもの定義）

18歳になっていない人を子どもとします。

第2条（差別の禁止）

すべての子どもは、みんな平等にこの条約にある権利をもっています。子どもは、国のちがいや、男か女か、どのようなことばを使うか、どんな宗教を信じているか、どんな意見をもっているか、心やからだに障がいがあるかないか、お金持ちであるかないか、親がどういう人であるか、などによって差別されません。

第3条（子どもにもっともよいことを）

子どもに関係のあることを行うときには、子どもにもっともよいことは何かを第一に考えなければなりません。

第4条（国の義務）

国は、この条約に書かれた権利を守るために、必要な法律を作ったり政策を実行したりしなければなりません。

第5条（親の指導を尊重）

親（保護者）は、子どもの発達に応じて、適切な指導をします。国は、親の指導を尊重します。

第6条（生きる権利・育つ権利）

すべての子どもは、生きる権利・育つ権利をもっています。

第12条（意見を表す権利）

子どもは、自分に関係のあることについて自由に自分の意見を表す権利をもっています。その意見は、子どもの発達に応じて、じゅうぶん考慮されなければなりません。

第13条（表現の自由）

子どもは、自由な方法でいろいろな情報や考えを伝える権利、知る権利をもっています。

第14条（思想・両親・宗教の自由）

子どもは、思想・良心・宗教の自由についての権利をもっています。

第15条（結社・集会の自由）

子どもは、ほかの人びとと一緒に団体をつくったり、集会を行ったりする権利をもっています。

第16条（プライバシー・名誉は守られる）

子どもは、自分や家族、住んでいるところ、電話や手紙などのプライバシーが守られます。また、他人から誇りを傷つけられない権利をもっています。

第17条（適切な情報の入手）

子どもは、自分の成長に役立つ多くの情報を手に入れることができます。国は、マスメディア（本・新聞・テレビなど）が、子どものためになる情報を多く提供するようにすすめ、子どもによくない情報から子どもを守らなければなりません。

第19条（暴力などからの保護）

親（保護者）が子どもを育てている間、どんなかたちであれ、子どもが暴力をふるわれたり、不当な扱いなどを受けたりすることがないように、国は子どもを守らなければなりません。

第20条（家庭を奪われた子どもの保護）

家庭を奪われた子どもや、その家庭環境にとどまることが子どもにとってよくないと判断され、家庭にいることができなくなった子どもは、かわりの保護者や家庭を用意してもらうなど、国から守ってもらうことができます。

第23条（障がいのある子ども）

心やからだに障がいがある子どもは、尊厳が守られ、自立し、社会に参加しながら生活できるよう、教育や訓練、保健サービスなどを受ける権利をもっています。

第24条（健康・医療への権利）

子どもは、健康でいられ、必要な医療や保健サービスを受ける権利をもっています。

第26条（社会保障を受ける権利）

子どもは、生活していくのにじゅうぶんなお金がないときには、国からお金の支給などを受ける権利をもっています。

第27条（生活水準の確保）

子どもは、心やからだのすこやかな成長に必要な生活を送る権利をもっています。親（保護者）はそのための第一の責任者ですが、親の力だけで子どものくらしが守れないときは、国も協力します。

第28条（教育を受ける権利）

子どもは教育を受ける権利をもっています。国は、すべての子どもが小学校に行けるようにしなければなりません。さらに上の学校に進みたいときには、みんなにそのチャンスが与えられなければなりません。学校のきまりは、子どもの尊厳が守られるという考え方からはずれるものであってはなりません。

第29条（教育の目的）

教育は、子どもが自分のもっている能力を最大限のばし、人権や平和、環境を守ることなどを学ぶためのものです。

第31条（休み、遊ぶ権利）

子どもは、休んだり、遊んだり、文化芸術活動に参加する権利をもっています。

第32条（経済的搾取・有害な労働からの保

護）

子どもは、むりやり働かされたり、そのために教育を受けられなくなったり、心やからだによくない仕事をさせられたりしないように守られる権利をもっています。

第３４条（性的搾取からの保護）

国は、子どもが児童ポルノや児童買春などに利用されたり、性的な虐待を受けたりすることのないように守らなければなりません。

第３７条（拷問・死刑の禁止）

どんな子どもに対しても、拷問や人間的でないなどの扱いをしてはなりません。また、子どもを死刑にしたり、死ぬまで刑務所に入れたりすることは許されません。もし、罪を犯して逮捕されても、尊厳が守られ年齢にあった扱いを受ける権利をもっています。

第３８条（戦争からの保護）

国は、１５歳にならない子どもを軍隊に参加させないようにします。また、戦争にまきこまれた子どもを守るために、できることはすべてしなければなりません。

第３９条（被害にあった子どもを守る）

虐待、人間的でない扱い、戦争などの被害にあった子どもは、心やからだの傷をなおし、社会にもどれるように支援を受けることができます。

第４０条（子どもに関する司法）

罪を犯したとされた子どもは、ほかの人の人権の大切さを学び、社会にもどったとき自分自身の役割をしっかり果たせるようになることを考えて、扱われる権利をもっています。

資料　14

「過労死」と「過労自殺」の違いについて
―地元医師・勢納八郎さんが高校生に応える

（2018年4月）

文章おこし　宮城道良

協力　同朋高校放送部

※勢納さんは、高校がある地元の医師であり、また同朋大学学校医（当時）であった縁からインタビューに応えていただきました。

質問：過労死と過労自殺は違いますか？

勢納：それはとても難しい質問なんだけど、もしそのことに真正面から応えるなら、私はこう思います。

「過労死」は大きくいって、2つに分けられると思うんですね。それはいわゆる過労死というものと、過労自殺に分けられると思います。

いわゆる過労死といったら過労自殺もふくめて過労死って言うんだけど、「せまい意味での過労死」は、はっきり言えば突然死だと思うのね。それは突然のなかにはいろんなものがあるんだけど、原因がはっきりわからないのもあるけども、ただいえることは、どういうときに突然死しやすいかっていったら、極端な「睡眠不足」ですよね。

そういうときには不整脈が起こって突然死しやすいですので、いわゆるせまい意味での「過労死」と言われてるものには、「働きすぎ」によって寝る時間も無い、休憩する時間も無いときに死ぬっていうのは、これだろうと思ってます。

もう一方、「過労自殺」っていうやつは、基礎にうつ病っていうのがあると思うんですよ。

すごくまじめな責任感の強い人が自分の体調のことよりもね、仕事を優先させてしまって、責任感が強いために自分の体をいたわることを忘れちゃってね、精神的につらくなって、そこから逃げる唯一の手段として死を選ぶっていうことなんじゃないかなと思うんです。これはメンタルヘルスっていう心の健康の問題に置き換えることができるんですね。

だから、すごく生真面目《きまじめ》な人をあんまり仕事オンリーで追いこまないようにするっていうことが、過労自殺を防ぐっていう上では大事なことだと思うんですけどね。

過労死と過労自殺って、ちょっとわけて考えたほうがいいように私は思います。

病院の一室で生徒の質問に応えられる勢納医師

資料　15

高校生制作ドキュメンタリー作品

「過労自殺」台本

ラジドキュメント〈1作目〉
『過労自死　してたまるか！』シナリオ
2018・6・01完成

ラジドキュメント〈2作目〉
『過労自死、しちゃだめ！』シナリオ
2018・9・26完成

注：太文字は第2作目以降に追加した部分

ナレ2　タイトルコール
「過労自死　してたまるか？」
（2作目は「過労自殺、しちゃだめ！」）

ナレ1「1980年代より日本の男たちの、働きすぎて体が壊れる〝過労死〟が世界を驚かせ、Karoshiという英単語が生まれた。…そして今、心が壊れて、『過労自殺』が相次いでいる」

ナレ1「なぜ過労自死がおこっているのか、今回我々は調査をした」

ナレ1「あるジャーナリストから『我々は放送番組にできなかったが…』と言って、1人の過労自殺した20代女性の母親を紹介してもらった」

ナレ1**「お嬢さんを失って6年がたつが、両親は精神的にまいっている。そもそも、亡くなった20代女性は名古屋市内の高校を卒業で、就職は学校就職だった」**

（学校の就職指導の責任を想起させるよう、やや最後はゆっくり読む）

ナレ1**「地元老舗中小企業で3年間働いて、21歳の時に職場の先輩女性らによっていじめを受け、配置転換後も元先輩および新たな配置先の先輩によっていじめが続いたという。仕事は事務職だった」**

ナレ1**「お母様を訪問するにあたって、担当**

弁護士の岡村晴美さんと名古屋大学で教育行政学がご専門の石井先生がぜひ立ち会いたいと言われ、ついてこられた」

ナレ1　**「そして、我々が被害者の母に一番言いたいことを言ってほしいと言ったことに加え、石井先生は母親に…」**

石井　「会社側に責任を認めてほしいみたいな、直接的な思い…みたいなものを少しお聞かせ願えればと思うんですけど」

被害者母　「とにかく娘は私になんでも話しましたので、先輩女性からお電話いただいてその後娘からかけているわけですよね」

ナレ1　**「亡くなった被害者は家庭で会社での出来事を話していたようだ。そして亡くなった日も先輩女性からわざわざ（自宅に）電話があって、**その直後投身自殺をしたと言われて、つづけてこういわれました」

（間をあけて・・・）

被害者母　「なので原因がこれだってことは前からわかっていました」

ナレ1　「さらに母親が怒っていたことが次のことであった」

被害者母　「『あの子が勝手に死んだんだろ…私たちには関係ない』っていうのが入ってきてしまったので、もうこれは絶対に許せない」

ナレ1　「会社の先輩からのメールだった…」

（間をあけて・・・）

ナレ1　「『過労死』と『過労自殺』は違うか？　全校生徒にアンケートをとってみた」

ナレ2　「過労死と過労自殺の違いが言える…0・8％」

ナレ2　**「過労自殺の原因を高校生に聞いてみた…**

過労自殺の原因は本人にある　0％

過労自殺の原因は会社にある　0%

過労自殺の原因は先輩女性にある　22%

過労自殺の原因は会社と先輩女性にある　67%

（間をあけて・・・）

ナレ1「何人かにインタビューしてみました」

生徒A **「いじめが結構続いてたってアンケートに書いてあったから、この過労自殺は会社や先輩女性に責任が重いんじゃないかなと思いました」**

生徒B **「（アンケートに）行政が原因っていうのが書いてないけれど、行政がなんとかしたら解決できたんじゃないかな…って思いました」**

ナレ1「『過労死』と『過労自死』について、3種類の辞書で調べてみたら…」

（映像版では、テロップ「『過労死』と『過労自死』について調べる」で黒バック黄字表示）

ナレ2「『過労死』とは、長時間労働や休みなしの勤務を強いられて、肉体的負担で脳出血や心筋梗塞《しんきんこうそく》などによって突然死すること。過労自殺とは長時間労働や仕事上の過度なストレスによって、心の不調をきたし、その辛さから逃れようと死を自ら選ぶこと。」

（間をあけて・・・）

ナレ1「先程の女性の母親は過労死裁判を起こした。その弁護をする岡村晴美弁護士は、原因となるストレスについてこう語った」

岡村「話しかけても無視される、髪型服装についてうっとうしいとか派手とか文句を言われた。トイレ掃除を当番でもないのにやらされる、些細なミスを過剰に叱責される、『ゆとり教育』受けた人は使えないと言われるなどの嫌がらせが長期間にわたってあった」

ナレ1「配置転換されたあとのミスに対しても、直属の先輩だけが言うだけではなく、前の職場の女性も一緒になって言う。先輩女性から目をつけられてターゲットにされるかもしれないから誰も手伝わない。そういったことも日常化していたという」

(間をあけて・・・)

ナレ1「さらに岡村弁護士は…」

岡村「上下関係があるから指導なのかなと見えるんですけれども、やっぱりそれはいじめで、やられた方はすごく心に傷を負っていくところがある」

ナレ1「そして心が壊れ・・、自殺をする。」

(間をあけて・・・)

ナレ1「本校卒業生で、同じく弁護士のR・Tさんは…」

R・T「昔は教育とか訓練受けられて、一人前になってからきちんとした仕事を任せられるという流れだった。今はそういうものはなく、いきなり責任のある仕事を任せられて負担が大きいし、長時間労働が重なって過労自殺につながっていていうことが原因なのかな・・・」

(間をあけて・・・)

ナレ1「さらに続けてR・Tさん　はこう語られた」

R・T「不況の時に就職難だったのがあって、やっと正社員になれたという思いから、なかなか転職って考えられない。今でも一応、終身世雇用が前提になっているので、それはかなり影響しているのではないかなと思います」

ナレ1「R・Tさんは労働組合の力が弱くなったのも、原因の一つだと語られた」

(少し間をあけて・・・)

ナレ2「どうすれば過労自殺は防げるのか？本校と同じ名古屋市中村区にある…偕行

会・城西病院の勢納八郎医師は、こう語られた」
勢納「いわゆる、狭い意味での『過労死』と言われているものは、働きすぎによって寝る時間も無い、休憩する時間も無い時に死ぬ…っていうのは、これだろうと思います。もう一方、『過労自殺』っていうやつは基礎に『うつ病』っていうものがあると思うんですよ。」
ナレ1「さらに続けて・・・」
勢納「生真面目な人を仕事オンリーで追い込まないようにするっていうことが、過労自殺を防ぐ上で大事なことと思います。過労死と過労自殺って、ちょっとわけて考えたほうがいいと私は思います」
（間をあけて・・・）
ナレ1「また、どうしたら過労自殺が防げるか、岡村弁護士にも語っていただいた…」
岡村「同じ職場の人がアットホームで、仲良くて、給料低いけどみんながんばってやっていこうね…と励ましあいながらやっていく会社だったらね、死のうという気持ちにならなかったんだと思うんですよね」
ナレ1「名古屋大学の石井拓児先生は…」
石井「僕は、社会の仕組みだってちゃんと法則性を解明すれば過労死はなくなると思います。いろんな社会のありかた、真理を探究すれば、僕らはもっと自由になる…と思います」
（間をあけて・・・）
ナレ1「ここまでを一般生徒に聞いてもらいました。そして次のように感想を述べてくれました…」
生徒A「母親が遺族としてのいろいろな思いをかたってくださったことは、とても勇気のいること。でも、とても意義のあることと思いました」
生徒B　「私の家は、母子家庭なんですけど、母はいつも身体が痛い、痛いと言って仕事に行くんですね。その姿を見るとそれが当たり前だと思ってしまいます。あの姿を見てしまっていると、自分が就職してツライことがあっても簡単に仕事を辞められない」
生徒C　「過労自殺に追いこむ側も、立場の上の人からいじめを受けてイライラしていて、いじめをしちゃう。それが連鎖しているから過労自殺がなくならないのだと思いました」
ナレ1　**「(被害者のお母様が）過労死、過労自殺しないためのドキュメンタリー作品をつくっていると聞き、命日の日に、手紙を我々にくださった…一部、紹介したいと思います」**
母親手紙代読　**「今回、ラジオ作品をつくってくださったこと、過労自死遺族として、とてもうれしく思っています。このような活動を通して、自分が何をするべきか、社会の悪に飲み込まれないようどうしたらいいのか、未来のある皆さんが考えていっていただきたいと思います。そしてこの世の中に、過労死、過労自死が無くなることを切に望んでいます」**
(代読途中からBGM始まる）
ナレ1　「さて皆さん、私たち高校生もあと何年で社会人。過労自死どう防ぎますか？」
(映像版では黒画面に白字でも数秒表示）
ナレ2　「制作は同朋高校放送部でした」
(BGM終了）
(映像版では黒画面に「fin」を白字表示）

■おもな制作過程

2016年10月、同朋高校オープン・フォーラム事前学習会で石井拓児先生（名大）より、「過労自殺」「働き過ぎ」を知る。

2016年12月、石井研究室に、生徒会役員や放送部員が訪ね、4時間にわたり、「過労自殺」や「学ぶとは」について懇談をする。

2017年1月、翌月の証言集会のために、証言者を紹介した地元テレビ局ディレクターの宇杉公一さんを招いて、「過労自殺」を学ぶ放送部学習会を開く。その後、放送部は作品化を決定する。

2017年2月、過労自殺した女性の実母の証言学習会を開く（生徒会・愛知県高校生フェスティバル実行委員会同朋学内実行委員会・放送部の三者合同共催）。被災者母、被災者母の担当弁護士・岡村晴美さんの話を聞く。

2017年5月、勢納医師の意見を聞く。

2017年5月、卒業生弁護士の意見を聞く。

2018年2月、下村健一さんが、放送部学習討論会「働くとは？」に東京から自費で参加され、助言された。またTBSテレビ時代、最初に男性育休をとった経験も話された（上の写真　中央奥）。

2018年5月、一作目『過労自殺、してたまるか』完成（ラジオ作品・本作）

2018年6月、地元テレビ局ディレクターのUさんに完成作品の助言を受ける。

2018年6月、さらに、石井さんや岡村さんの意見を再び聞いて制作し直す。

2018年9月、二作目『過労自殺、しちゃだめ！』完成（ラジオ作品、文化祭で公開、追加アンケートの結果と、お母様からの手紙を紹介　10分）

2019年9月、三作品目『過労自殺』完成（映像作品　10分、文化祭で上映、「同朋高校放送部応援サイト」とweb検索で観ることができる）

２０１９年１０月、映像作品『過労自殺』の１５分版完成。09年映像作品『学べない（高校生、貧しくて学べない）』（ＮＨＫ杯全国大会出場作品）の一部を加え、亡くなった女性や卒業生弁護士Ｒ・Ｔさんの高校時代の時代状況を説明した。「ＴＶＦ２０２０同朋」とweb検索で観れる。

２０２０年１～２月、『学習の友』二月号・三月号で制作の背景を宮城が記述。

下村健一さん（中央・奥）を招いての
放送部学習討論会「働くとは？」

■協力　＊肩書きは当時

お母様（過労自殺された女性の母親）

石井拓児（名古屋大学大学院教育発達科学研究科准教授・教育行政学）

岡村晴美（弁護士・名古屋南部法律事務所）

勢納八郎（医師・偕行会城西病院副医院長）

Ｒ・Ｔ（卒業生弁護士・過労死された女性と同世代・取材当時29歳の女性）

下村健一（フリージャーナリスト・ＴＢＳテレビ「筑紫哲也ニュース２３」の元ニュースキャスター）

Ｕ（地元テレビ局ディレクター・過労自殺した女性の事件について資料提供・何度も作品制作に助言）

同級生２００人（アンケート・インタビュー）

資料 16 「過労自殺」被害者のお母さまからの手紙

同朋高等学校　放送部顧問　宮城先生

同朋高等学校　放送部の皆様

昨年の２月に出張授業でお邪魔させて頂きました、伊佐間です。

放送部の皆様が昨年の授業を受け、ラジオ作品を制作されたということで、岡村弁護士と一緒に聴かせて頂く予定でしたが、6月21日の娘の命日を迎える数日前より体調を崩してしまい、参加させて頂くことが出来なくなりました。

誠に申し訳ありません。

録音したものがあるようでしたら、お貸し頂けたらと思います。

今、安倍政権が推し進めようとしている「働き方改革法案」。

この法案が通ってしまったら、今よりもっと過労死・過労自死が増える事は間違いありません。残業時間の上限が今までよりも20時間も増える事になっても、労働者の殆どが危機感をまるで持っていない事が、とても心配でたまりません。

今回、ラジオ作品を作ってくださったこと、過労自死遺族としてとても嬉しく思っています。このような活動を通して自分が今何をすべきか、社会の悪にのみこまれないようにするにはどうしたら良いかを、未来のある皆さんが考えていって頂きたいと思います。そしてこの世の中から、過労死・過労自死がなくなる事を切に望んでいます。

これから暑い日が続きます。体調を崩さないよう気をつけてください。

放送部の皆様のご活躍を期待しています。

平成30年年6月22日　伊佐間佳子

資料17　関係新聞記事

『朝日新聞』2018年9月28日朝刊

この告知記事によって、文化祭上映会に弁護士関係者や病院関係者、大学研究者、卒業生父母、他校高校生ら80名が集まった。

29　2018年(平成30年)9月28日(金)　朝日

名古屋

弁護士を取材した際にとった写真を手に話す同朋高校の放送部員ら＝名古屋市中村区

20代の過労自殺取材 高校生が音声作品に

同朋高放送部制作 あす文化祭で発表

名古屋市中村区の私立同朋高校放送部が、実際にあった20代女性の過労自殺事件を取材してラジオドキュメンタリーを目指した音声作品を制作し、29日、同校文化祭で発表する。職場の様子などを取材、「自分たちにも起こりうる」と、社会の矛盾に目を向けた。

取り上げたのは、2012年に市内の自宅マンションで飛び降り自殺した会社員女性（当時21歳）の事件だ。先輩女性によるパワハラ、会社の対応に問題があったとして遺族が訴え、労災認定された。遺族は損害賠償を求め、提訴。17年11月の名古屋高裁判決はパワハラと自殺との因果関係を認めたが、会社側が上告している。

担当教諭が知人の民放記者から教えられ、生徒は弁護士や母親を取材。先輩から「この野郎」と威圧され、ごみの分別など細かなことで叱責され続けた。うつ病を発症し、自殺したと考えられ、医師、教育学者らにも会い、過労から自殺に至る心理なども聴いた。

中断を挟み、1年半かけて取材し、生徒が考えを深める経過も描く。女性はリーマン・ショック後の不況下で就職しており、取材したひとり、3年生の福島幹二さん(17)は「すぐやめればよかったのに、と思ったが、再就職が難しい社会を知り、無責任に言えない」と話す。母子家庭の生徒が「『仕事がつらい』という母に、自分の悩みは言いにくい」と打ち明け、ストレスをひとりで抱え込みがちな社会についても考えた。

「世の中から、過労死・過労自死がなくなる事を切に望んでいます」。遺族のメッセージも盛り込んだ。

タイトルは「過労自殺しちゃだめ!!」。文化祭（28～30日）の一般公開日の29日午前11時～正午、同校多目的室でほかの映像作品などとともに発表する。無料。事前申し込み（同校☎052・411・1159）が必要だ。

（伊藤智章）

高校生が取材した事件は、後日裁判結果が、地元４紙で報じられた。（３紙を紹介）

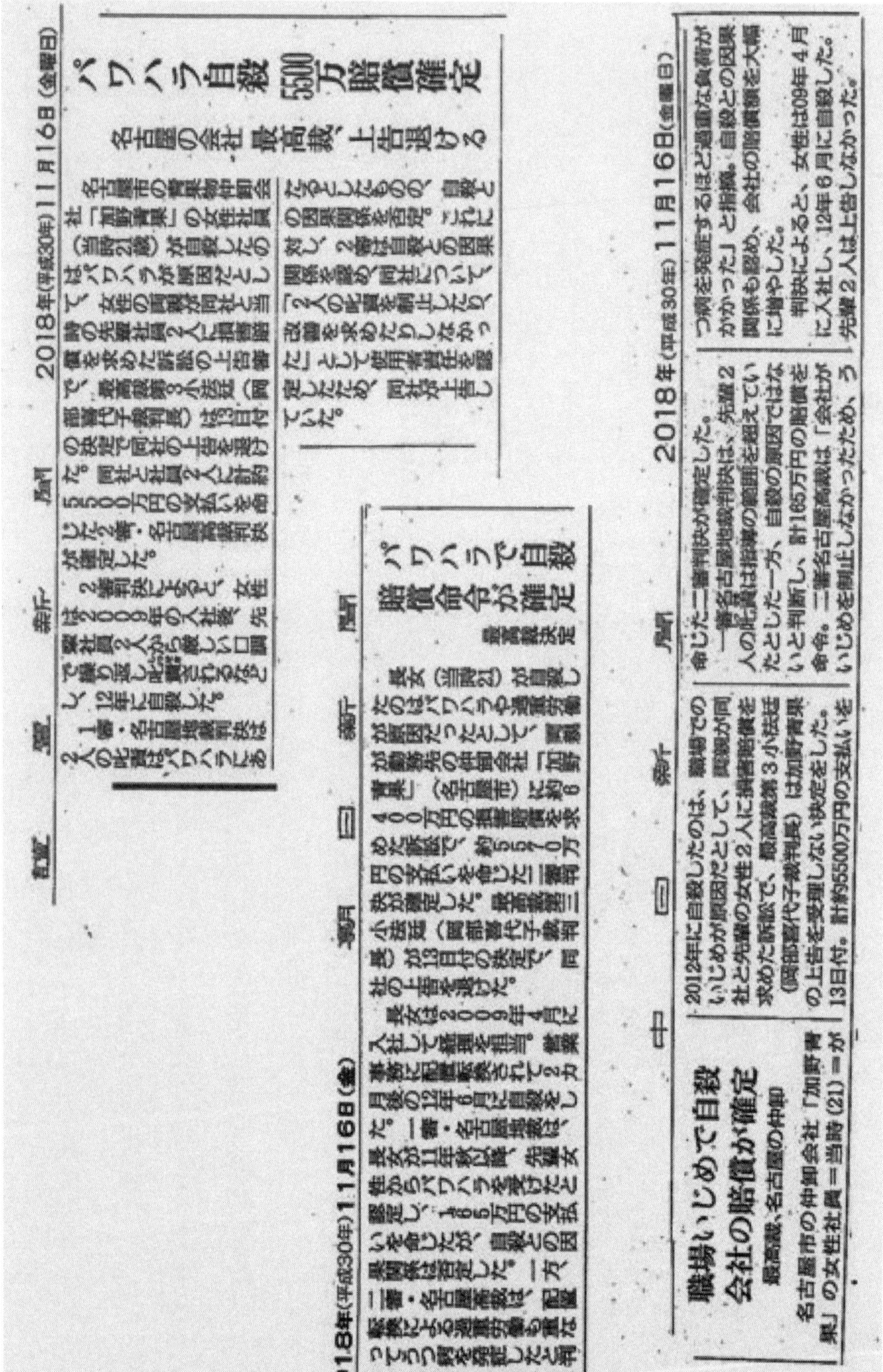

読売新聞　2018年（平成30年）11月16日（金曜日）

パワハラ自殺 5500万賠償確定

名古屋の会社 最高裁、上告退ける

名古屋市の青果物仲卸会社「加野青果」の女性社員（当時21歳）が自殺したのはパワハラが原因だとして、女性の両親が同社と当時の先輩社員2人に損害賠償を求めた訴訟の上告審で、最高裁第3小法廷（岡部喜代子裁判長）は13日付の決定で同社の上告を退けた。同社と社員2人に計約5500万円の支払いを命じた2審・名古屋高裁判決が確定した。

2審判決によると、女性は2009年の入社後、先輩社員2人から厳しい口調で繰り返し叱責されるなどし、12年に自殺した。

1審・名古屋地裁判決は2人の叱責はパワハラにあたるとしたものの、自殺との因果関係を否定。これに対し、2審は自殺との因果関係を認め、同社についても「2人の叱責を制止したり、改善を求めたりしなかった」として使用者責任を認定したため、同社が上告していた。

朝日新聞　2018年（平成30年）11月16日（金）

パワハラで自殺 賠償命令が確定

最高裁決定

長女（当時21）が自殺したのはパワハラや過重労働が原因だったとして、両親が勤務先の仲卸会社「加野青果」（名古屋市）に約6400万円の損害賠償を求めた訴訟で、約5570万円の支払いを命じた二審判決が確定した。最高裁第三小法廷（岡部喜代子裁判長）が13日付の決定で、同社の上告を退けた。

長女は2009年4月に入社して経理を担当。営業事務に配置転換されて2カ月後の12年6月に自殺をした。一審・名古屋地裁は、長女が11年秋以降、先輩女性からパワハラを受けたと認定し、165万円の支払いを命じたが、自殺との因果関係は否定した。一方、二審・名古屋高裁は、配置転換による過重労働も重なってうつ病を発症したと判断。自殺との因果関係も認めて賠償額を増やした。

中日新聞　2018年（平成30年）11月16日（金曜日）

職場いじめで自殺 会社の賠償が確定

最高裁、名古屋の仲卸

名古屋市の仲卸会社「加野青果」の女性社員＝当時(21)＝が2012年に自殺したのは、職場でのいじめが原因だとして、両親が同社と先輩の女性２人に損害賠償を求めた訴訟で、最高裁第３小法廷（岡部喜代子裁判長）は加野青果の上告を受理しない決定をした。13日付。計約5500万円の支払いを命じた二審判決が確定した。

一審名古屋地裁判決は、先輩２人の叱責は指導の範囲を超えていたとした一方、自殺の原因ではないと判断し、計165万円の賠償を命令。二審名古屋高裁は「会社がいじめを制止しなかったため、うつ病を発症するほど過重な負荷がかかった」と指摘。自殺との因果関係も認め、会社の賠償額を大幅に増やした。

判決によると、女性は09年４月に入社し、12年６月に自殺した。先輩２人は上告しなかった。

『しんぶん赤旗 日曜版』2019年2月3日号

全国版のため、全国から、「聞きたい」という問い合わせが続いた。

中日新聞　2019年（令和元年）10月11日（金曜日）　12

市民版

「人ごとでない」過労自殺問う

同朋高放送部 3年間かけ映像化

同朋高校放送部（中村区）がドキュメンタリー映像「過労自殺」を制作した。職場でのパワハラで自殺した市内の二十代女性の遺族や専門家らを取材した生徒たち。過労自殺を「人ごとではない」と自らの問題と捉え、社会の在り方を問い掛ける作品に仕上がった。（武藤周吉）

放送部が取材したのは市内の女性＝当時(二二)＝の過労自殺。先輩社員から激しい叱責を受けてうつ病を発症し、二〇一二年六月に自ら命を絶った。遺族は会社と先輩社員を相手取って損害賠償を求めて提訴。一七年十一月の名古屋高裁判決でパワハラと自殺との因果関係が認められ、昨年十一月に最高裁で確定した。

取材は、部内の勉強会で一六年十月に過労死を学んだことがきっかけ。昨年九月には音声版の作品を完成させた。その後、後輩たちが引き継いで編集作業を担い、映像版を仕上げた。

ドキュメンタリー映像は約十分。亡くなった女性の母親から証言を聞き取ったり、遺族側の代理人弁護士や医師からも話を聞いたりして、女性が追い詰められていった心理状態を明らかにした。

また、女性が入社した〇九年がリーマン・ショック直後の就職難の時期だった点にも注目。同時期に社会人になった高校の先輩にも取材し、「やっと就職ができた後に転職は考えられなかったのではないか」と社会状況にも目を向けた。同じ高校生にもマイクを向けて意見を聞き取った。

制作当初から取材に関わった卒業生で大学一年の織田睦さんは「過労死や過労自殺をニュースで聞いても自分と関係あるとは思えないが、取材で決して人ごとではないと感じた。僕らもいずれ社会人になる。労働法などを学び、自分の身を守る術を知る必要がある」と考えを深めた。

映像の制作を引き継いだ高校三年の加藤ひかるさんも「遺族の思いや過労自殺の事実を多くの人に知ってほしい」と呼び掛ける。

ドキュメンタリー映像は過労死を防ぐために活動している団体などに送り、活用してもらう。

㊤ドキュメンタリー映像「過労自殺」の一場面　㊦映像を制作した放送部の生徒ら＝いずれも中村区の同朋高で

『中日新聞』　2019 年 10 月 11 日号　朝刊

映像版は、取材メンバー（ラジオ版）の後輩たちが引き継ぎ、完成させた。

あとがき

宮城道良

1992年、沖縄修学旅行・事前学習での、元兵士・近藤一（はじめ）さん（2021年5月逝去）との出会いは、私の教員生活30年において大きなものでした。

近藤さんは、「被害も、加害も、語らないと本当のことを語ったことにはならない」と言って、その初の出会い以降、毎年何度も高校生たちの前で手書きの大地図を使って、戦場体験証言の講演をしてくれました。

2010年8月、体調不良で近藤講演が中止になったと聞いた放送部の生徒たちは、近藤さんら元兵士に取材して、戦場体験証言のドキュメンタリー作品を7本制作してくれました。当時すでに90歳の近藤さんらも必死に応えてくれました。

しばらくして、放送部の生徒たちは、過労死・過労自殺に興味を覚え、その作品もいくつか制作してくれましたが、ある生徒がこう言いました。

「70数年前の戦争では、若者（兵士）は国家に戦場で殺されたが、今、若者（労働者）は企業に職場で殺されているのでは？」

つまり、日本社会の本質的な部分は何も変わっていないのではと言いたかったようなのです。「若者に犠牲を強いる社会構造」が変わっていないということを、高校生がするどくついた意見と、私は受けとめました。

その意味でも、どうしたら若者・弱者が殺されずにすむのか、そのためには何を学生時代に学ぶべきか、この本が読者の皆さんの一助となればと願っています。

2021年6月15日
実母命日に記す

著者プロフィール

石井拓児　「はじめに」「第１章1～5、8」「第２章10」「第４章①～⑧、資料13」執筆
1971年生まれ。

名古屋大学大学院教育発達科学研究科教授。名古屋大学大学院教育発達科学研究科博士課程後期課程単位所得満期退学、博士（教育学）。

専門は、教育行政学・教育法学。日本教育行政学会理事、日本教育法学会理事、日本教育学会中部地区理事。戦後日本の学校づくりを研究している。近年は、子どもの貧困問題を念頭に、福祉国家型の教育行財政制度のあり方を追究。

共編著に『教職員の多忙化と教育行政』（多賀出版）、『新自由主義大学改革』（東信堂）等。

宮城道良「第１章6、7」「第２章9」「第４章⑨～⑫」「あとがき」執筆
1964 年生まれ。

同朋高等学校社会科教諭・放送部顧問、名古屋造形大学非常勤講師。

名古屋大学経済学部卒。歴史教育者協議会会員（全国大会「日本近現代」世話人）、不戦兵士・市民の会理事（東海支部事務局長）、愛知サマーセミナー実行委員（愛知私教連社会科懇談会）。

戦場体験証言や高校生制作の映像ドキュメンタリーをもとに、生きた授業を模索している。

共著に『ちゃんと学ぼう！憲法②』（青木書店）、『最前線兵士が見た「中国戦線・沖縄戦の実相」』（学習の友社）等。

協力者　**岡村 晴美**（名古屋南部法律事務所・弁護士）
　　　　勢納 八郎（偕行会 城西病院副院長・医師）

撮影　写真家　庄司巧
右　石井拓児
写真左　宮城道良

高校生・若者たちと考える過労死・過労自殺
――多様な生き方を認める社会を
2021年７月20日　　初版　　定価はカバーに表示
著者　石井拓児　宮城道良

発行所　学習の友社
〒113-0034　文京区湯島2-4-4
電話　03-5842-5641　Fax　03-5842-5645
tomo@gakusyu.gr.jp　郵便振替　00100-6-179157
印刷所　モリモト印刷

ISBN978-4-7617-0728-6 C0036